선생님이 알려 주는 신개념 창의 사고력
수학일기

국립중앙도서관 출판예정도서목록(CIP)

스타트 수학일기 : 선생님이 알려 주는 신개념 창의 사고력
/ 지은이: 김남준, 배민정, 복성윤. -- 서울 : 국민출판사,
2017
　　p. ;　　cm

ISBN 978-89-8165-320-0 73410 : ₩11000

수학(교과과목)[數學]

410-KDC6　　　　　　　　　　　　CIP2017011113

선생님이 알려 주는 신개념 창의 사고력
스타트 수학일기

초판 1쇄 발행 2017년 5월 26일
초판 3쇄 발행 2021년 11월 10일

지은이 김남준, 배민정, 복성윤
그린이 홍민기

펴낸이 김영철
펴낸곳 국민출판사
등록 제6-0515호
주소 서울특별시 마포구 동교로 12길 41-13 (서교동)
전화 02)322-2434
팩스 02)322-2083
블로그 http://blog.naver.com/kmpub6845

편집 한수정, 임여진
표지 디자인 최치영
내지 디자인 블루
경영 지원 한정숙
종이 신승 지류 유통 | 인쇄 예림 인쇄 | 표지 코팅 수도 코팅 | 제본 예림 바인딩

ⓒ 김남준, 배민정, 복성윤, 2017

ISBN 978-89-8165-320-0 (73410)

- 이 책은 한국출판문화산업진흥원의 출판 콘텐츠 창작 자금을 지원받아 제작되었습니다.
- 이 책의 전부 또는 일부를 이용하려면 국민출판사의 서면 동의를 받아야 합니다.
- 잘못된 책은 구입한 서점에서 교환하여 드립니다.
- 일기 원저작자인 학생들의 실명은 개인 정보 보호 차원에서 싣지 않았음을 미리 밝힙니다.

김남준, 배민정, 복성윤 지음 · 홍민기 그림

전국수학교사모임
추천도서

선생님이 알려 주는 신개념 창의 사고력
슬기로운 수학일기

머리말

수학일기가 궁금해요?

이 책은 수학을 깊이 있게 생각하고 수학과 좀 더 가까이 지내려는 친구들을 위한 '수학일기 지침서'입니다.

사실 수학일기가 무엇인지 궁금해하는 친구들이 많아요. 수학일기는 평소 수학을 배우면서 겪었던 경험이나 생각을 '일기'처럼 글로 쓰는 거예요.

'나는 학교에서 배우는 수학 말고는 일상생활에서 수학을 경험해 본 적이 없는데?'

물론 이렇게 생각하는 친구들도 있을 텐데요. 이런 친구들에게 이 책은 더욱 소중한 경험을 안겨 줄 것입니다.

수학일기에는 수학에 대한 다양한 경험과 생각을 담을 수 있어요. 수학일기를 쓰면 우리가 수학을 어디에서 어떻게 경험하는지 좀 더 깊이 있게 생각해 볼 수 있어요. 수학일기를 쓰는 목적은 내가 경험한 수학이 무엇인지 깊이 생각하고, 수학 학습에 도움을 주려는 것이랍니다. 우리가 평소 물이나 공기의 소중함을 잘 느끼지 못하듯, 수학이 우리 생활에 어떤 도움을 주는지 잘 알지 못해요.

여러분은 수학일기를 써 본 경험이 있나요?

수학일기를 써 본 경험이 있다면 이 책을 보기는 좀 더 쉬울 수 있어요. 이 책에서는 그동안 자신이 쓴 수학일기와 친구들이 쓴 수학일기를 비교해 볼 수 있습니다. 또 좀 더 다양한 관점에서 수학일기 쓰는 법을 익힐 수 있어요.

아직 수학일기를 써 본 경험이 없어도 걱정할 필요는 없어요. 그런 친구를 위해 이 책이 만들어졌으니까요. 이 책에서는 수학일기가 무엇인지, 또 어떻게 써야 하는지 자세히 안내하고 있어요. 이 책을 천천히 보면서 자신만의 수학일기를 쓰려고 노력해 보세요. 여러분이 이 책을 읽는 동안 수학일기가 무엇인지 이해하고, 앞으로 수학일기를 꾸준히 쓰는 학생이 되기를 기대합니다.

'일기를 꼭 써야 하나 한숨부터 쉬며 걱정하나요? 수학일기는 그렇게 부담 가질 일은 아니에요. 학교에서 쉬는 시간에, 아니면 집에서 짬짬이 시간을 내어 쓸 수 있어요. 일기를 쓸 때처럼 어떻게 수학일기를 쓸지 크게 고민하지 마세요. 평소 자신이 겪은 일이나 생각을 자유롭게 쓰는 것처럼 수

학일기도 마찬가지예요.

 수학일기장에는 그림을 그려도 좋고, 낙서를 해도 좋아요. 수학일기는 형식보다 수학에 대한 나만의 생각을 잘 표현해 보는 것이 더 중요하기 때문이지요.

 이 책에서는 여러 학생이 쓴 수학일기를 보며 수학일기가 무엇인지, 수학일기에는 어떤 종류가 있는지 살펴볼 거예요. 백 번 듣는 것보다 한 번 해 보는 것이 낫다는 말이 있지요. 글로 설명하기보다 친구들이 직접 쓴 수학일기를 보면 수학일기가 무엇인지 더 쉽게 알 수 있어요. 또 친구들의 수학일기를 보면서 나도 잘 쓸 수 있다는 자신감이 생길 수 있어요.

 이 책을 통해 여러분도 자신만의 수학일기를 직접 써 보길 기대합니다.

2017년 저자 일동

스타트 수학일기
이렇게 이루어져 있어요!

1장에서는 친구들에게 수학일기가 무엇인지 소개합니다. 또 수학일기를 왜 써야 하고 언제부터 수학일기가 누구 손에서 써지기 시작했는지 알려 주고 있어요. 수학자들이 썼던 다양한 종류의 수학일기와 일화를 소개하며 그 옛날부터 있었던 수학일기 역사도 알려 줍니다.

1장 들여다보기

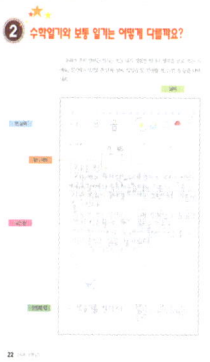
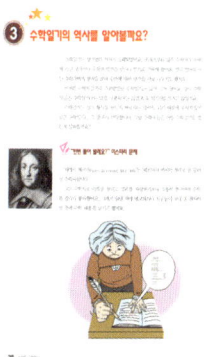

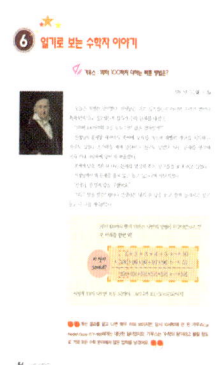

스타트 수학일기 이렇게 이루어져 있어요!

1장에서 수학일기의 역사를 살펴봤다면 2장에서는 수학일기를 어떻게 써야 할지 소개합니다. 어떤 요소가 들어가야 좋은 수학일기일지도 알려 줍니다. '수학일기 세 바퀴'를 통해 친구들의 창의 사고력을 자극하는 수학일기 쓰는 비법을 소개합니다. 또 다양한 수학일기 종류를 제시하며 친구들에게 수학일기를 낱낱이 분석해 알려 줍니다.

2장 들여다보기

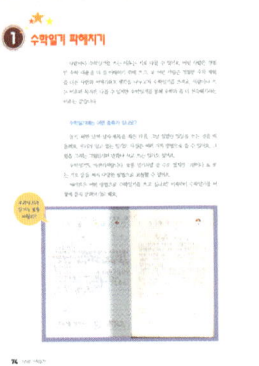

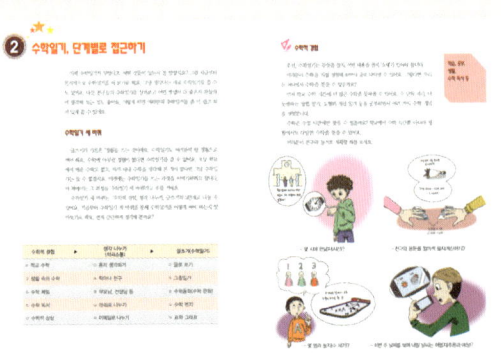

2장에서 수학일기 쓰는 법을 익혔다면 3장에서는 진짜 수학일기를 써 보는 시간을 갖습니다. 앞서 살펴본 좋은 수학일기 쓰는 법을 토대로 다양한 수학일기 과제를 제시합니다. 10여 가지가 넘는 수학일기 테마를 토대로 친구들이 직접 써 보는 공간도 마련해 놓았습니다. 또 일기를 쓸 때 어떤 정보를 바탕으로 구성할지 작은 팁까지 제시해 상상력을 자극할 수 있도록 배려했습니다.

3장 들여다보기

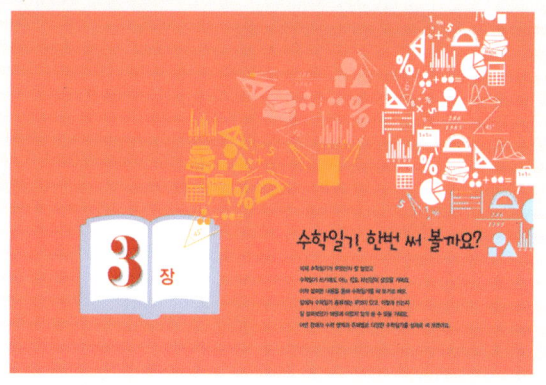

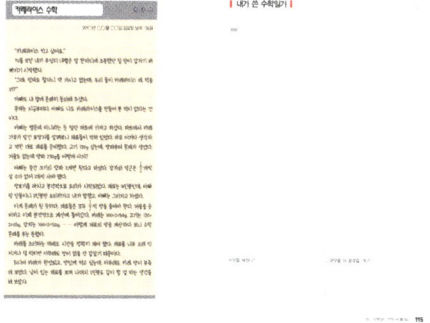

스타트 수학일기
이렇게 이루어져 있어요!

〈스타트 수학일기〉의 마지막 특별 부록!

1~3장을 통해 수학일기 역사와 좋은 수학일기 쓰는 여러 방법을 공개했다면 이번 부록에서는 특별한 수학일기 정보를 소개합니다. 수학일기를 쓰는 데 필요한 수학일기 주제와 좋은 수학적 경험을 얻을 수 있는 흥미로운 수학 체험전을 지도에서 살펴봅니다.

마구마구 쓰고 싶은 수학일기 이야기 들여다보기

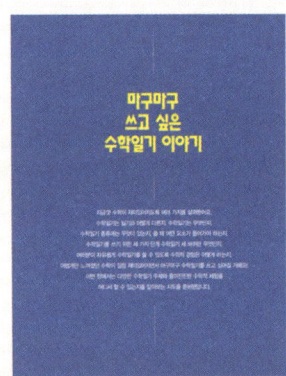 

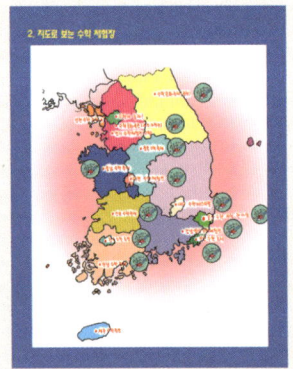

목차

머리말 ·8

스타트 수학일기 이렇게 이루어져 있어요! ·11

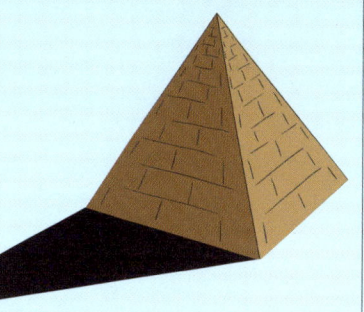

1장 수학일기를 알아볼까요?

1. 일기는 왜 쓸까요? ·20
2. 수학일기와 보통 일기는 어떻게 다를까요? ·22
3. 수학일기의 역사를 알아볼까요? ·28
4. 수학일기는 왜 쓸까요? ·34
5. 수학은 어떻게 경험할까요? ·41
6. 일기로 보는 수학자 이야기 ·54

　우리끼리 수학 놀이터 하나, 클립을 이어라! ·68
　우리끼리 수학 놀이터 둘, 고대 이집트인의 곱셈법 ·70

목차

2장 수학일기 속으로

1. 수학일기 파헤치기 ·74
2. 수학일기, 단계별로 접근하기 ·88
3. 수학일기에는 뭐가 뭐가 들어갈까요? ·101

   우리끼리 수학 놀이터 하나. 영화 속 수학 이야기 ·104
   우리끼리 수학 놀이터 둘. 숫자 9의 신비. ·105

3장 수학일기, 한번 써 볼까요?

1. 수학일기 세 바퀴, 정리하기 ·108
2. 미션! 수학일기 쓰기 ·110
   - 온 가족이 함께 만드는 카레라이스 ·110
   - 나도 수학자! 새로운 덧셈법을 발명하다. ·116
   - 음료수에 이렇게 많은 설탕이! ·122

- 수학 독서 대회 참여하기 ·128
- 생활에서 만나는 일상의 수학 ·131
- 경제에서 살펴보는 수학 ·137
- 수학 체험 Math 투어, 수학도 직접 만져 보고 즐기자! ·140
- 스포츠에서도 수학을 경험하자! ·144
- 직선과 곡선에서 만난 놀라운 수학 ·147
- 나의 줄넘기 실력은? ·151
- 똑똑한 소비에도 똑똑한 수학이! ·154
- 만화로 나타내는 수학 ·157
- 우리 발에서 찾은 놀라운 수학 ·160

  우리끼리 수학 놀이터 하나, 보도블록에 감춰진 수학을 찾아라! ·163
  우리끼리 수학 놀이터 둘, 동서남북 종이접기 ·166

■ **마구마구 쓰고 싶은 수학일기 이야기**

1. 수학일기 쓰려면 이런 주제는 기본! ·170
2. 지도로 보는 수학 체험장 ·172

수학일기를 알아볼까요?

일기는 일기인데 '수학일기'는 뭘까요?
이번 장에서는 친구들과 함께 수학일기가 뭔지
다양한 예시를 보면서 자세히 알아보려고 해요.
너무 어렵게 생각하지 말고 부담없이 함께 살펴봐요!

1 일기는 왜 쓸까요?

오늘 하루는 어떻게 지냈나요? 나에게 어떤 일들이 있었나요? 사람들은 오늘 자신의 하루를 돌아보며 일기를 씁니다. 이처럼 일기는 오늘 보낸 하루를 돌아보고 생각하게 하는 '나만의 기록'이에요. 사람들이 쓰기 시작한 일기는 아주 오래전부터 있었어요. 글자가 없던 원시 시대 사람들도 동굴 벽에 그림을 그려서 일기를 쓰듯 기록을 남겼거든요. 그 후, 글자와 종이를 발명하면서 사람들은 종이에 글을 써서 자신의 하루를 기록했어요. 이것이 오늘날의 일기랍니다.

여러분도 일기를 써 본 경험이 있을 거예요. 일기를 쓰려면 오늘 하루를 돌아보며, 나에게 어떤 일이 있었는지 곰곰이 따져 봐야 해요. 또 어떤 말을 어떻게 써야 할지 고민도 하지요. 이처럼 일기를 쓰면 우리 자신을 돌아보고 차분히 생각해 보는 기회를 가질 수 있습니다.

사람들이 이렇게 아주 오래전부터 일기를 써 온 이유는 무엇일까요? 일기를 쓰면 어떤 점이 좋은지 살펴봐요.

일기를 쓰면 좋은 점

오늘 하루를 돌아볼 수 있어!

글 쓸 때 자신감이 생겨 글쓰기 실력이 좋아진다.

사고력과 관찰력이 좋아진다.

어른이 되어 어릴 적 모습을 돌아볼 수 있어!

어때요? 이제 친구들도 일기를 써야겠다는 생각이 들지요? 일기는 다른 사람에게 보여 주기보다 더 나은 사람으로 성장하기 위해 쓰는 것이에요. 따라서 일기를 어떻게 써야 할지 크게 고민하지 말고 나 자신을 위해 열심히 써 보세요. 쑥쑥 성장하는 자신을 발견하게 될 거예요.

수학일기와 보통 일기는 어떻게 다를까요?

우리가 흔히 말하는 일기는 오늘 내가 경험한 일이나 생각을 글로 쓰는 거예요. 일기에는 일기를 쓴 날짜, 날씨, 있었던 일, 반성할 점, 느낀 점 등을 나타내요.

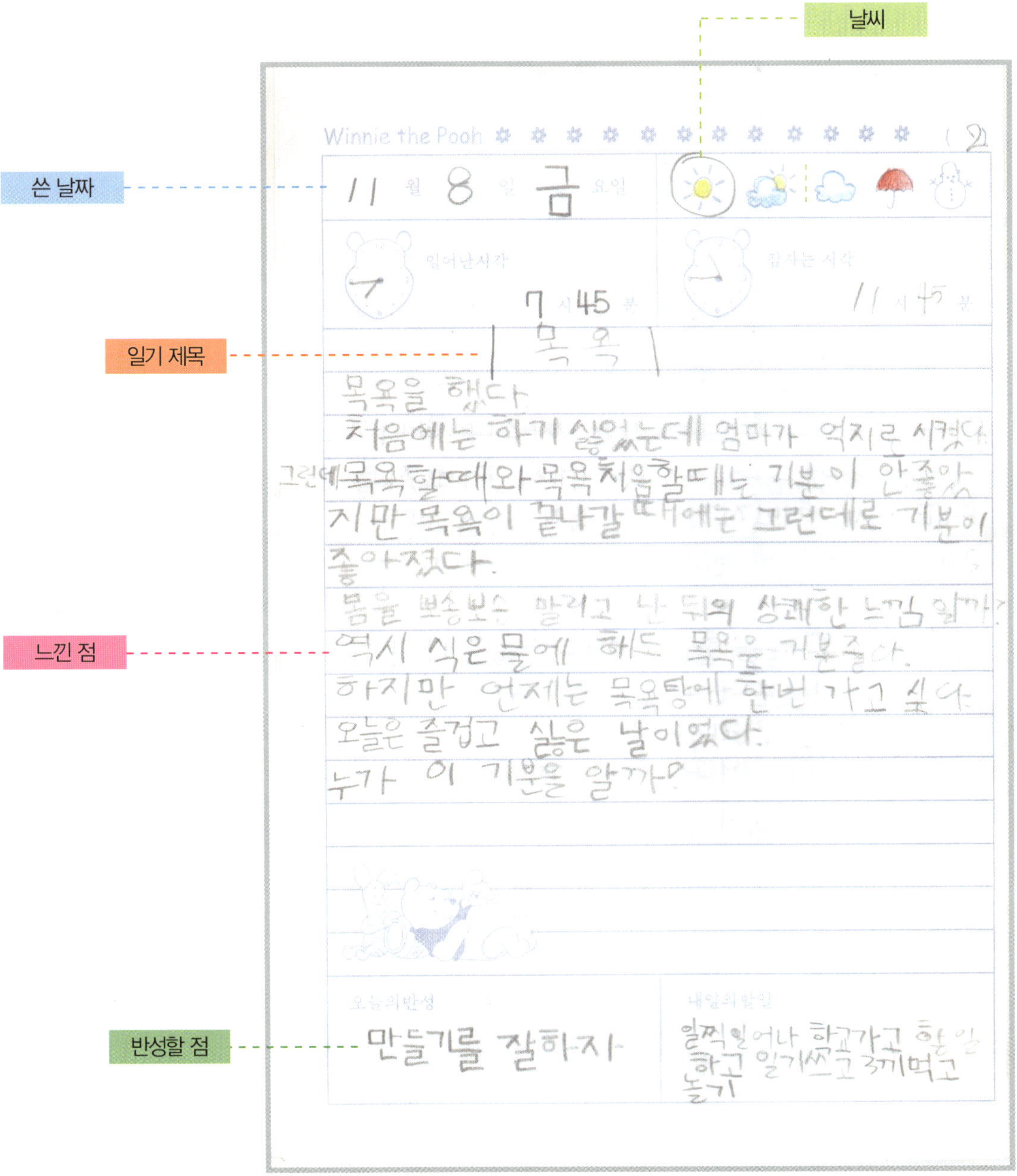

- 쓴 날짜
- 날씨
- 일기 제목
- 느낀 점
- 반성할 점

일기에 쓰는 내용들이 수학일기에도 들어간다면 대체 이 두 일기는 어떻게 다를까요?

보통 일기는 일상 속 경험에서 인상적이거나 기억해야 할 내용을 글로 나타냅니다. 반면 수학일기는 하루 동안 경험했던 수학적 내용을 글로 나타내지요.

수학+일기=수학일기?

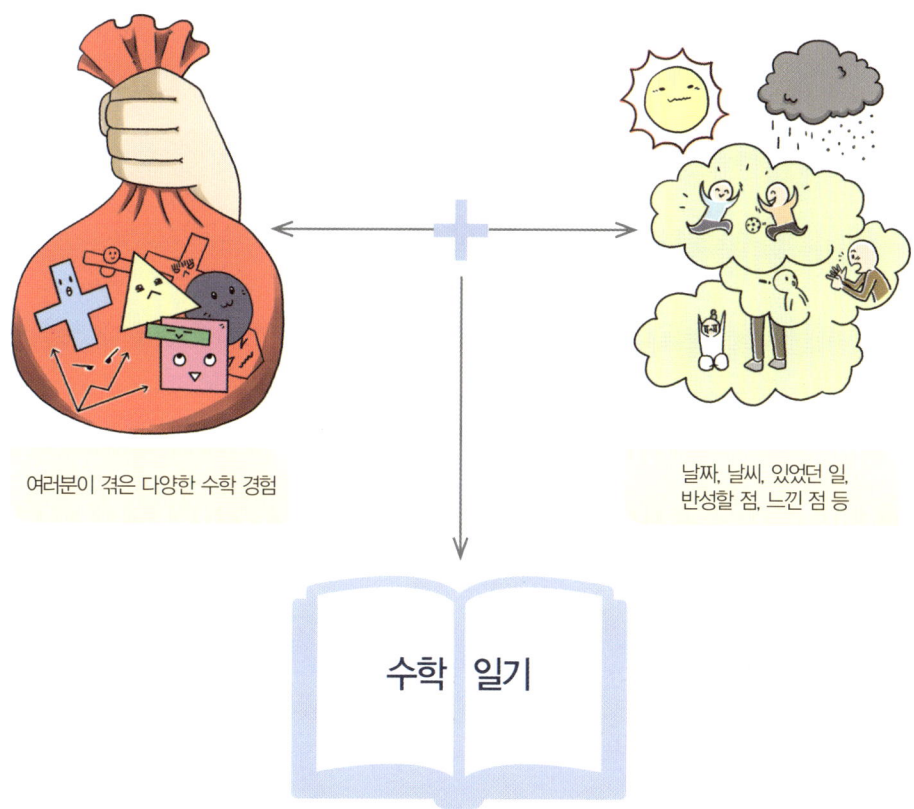

여러분이 겪은 다양한 수학 경험

날짜, 날씨, 있었던 일, 반성할 점, 느낀 점 등

수학 일기

이처럼 수학일기에는 수학에 대한 경험이 들어가야 해요.
그렇다면 친구들은 어떤 수학적 경험으로 어떻게 수학일기를 썼을까요?
조금 더 자세하게 수학일기를 살펴볼까요?

수학 시간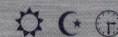

201○년 ○○월 ○○일 날씨 : 맑음

　오늘 수학 공부를 하였다. 수학 시간에 정사각형에 대해 배웠다.
　정사각형은 네 변의 길이가 같고 모두 직각인 사각형이다. 정사각형을 만들기 위해 선생님께서 색 도화지를 나누어 주셨다. 직사각형 종이를 접어서 자른 다음 펼치니 정사각형이 만들어졌다.

　선생님께서 만든 정사각형 종이를 교과서에 붙이라고 하셨다. 그런데 뒷자리에 앉은 태훈이는 색종이로 비행기를 접는 것이었다. 나도 재미있어 보여 태훈이보다 더 멋있는 비행기를 만들었다. 선생님께서 다가오셨다.
　선생님께서는 비행기를 접은 것을 보고 친구들에게 비행기를 보여 주셨다. 친구들이 나를 모두 보자 수업 시간에 딴짓을 한 것이 부끄러웠다.
　다음부터는 공부 시간에 딴짓하지 말고 수업에 집중해야겠다.

　이 일기는 수학 시간에 있었던 일을 기록했어요. 여기에는 수학 시간에 배웠던 내용, 친구와 접은 비행기를 선생님이 반 친구들에게 보여 준 일, 앞으로의 다짐 등이 들어 있어요.

〈수학 시간〉 일기 들여다보기

- **무엇을 배웠니?** 색 도화지로 종이를 접어 정사각형 만드는 걸 배웠어!
- **무엇을 했니?** 친구와 내가 비행기를 만들자, 선생님이 비행기를 친구들에게 보여 주셨어.
- **무엇을 느꼈니?** 공부 시간에 딴짓하지 않고 수업에 집중할래!

수학 발표

20○○년 ○○월 ○○일 날씨 : 맑음

누가 심장 안에서 뛰는 것 같다. 아이스크림처럼 꽁꽁 얼었다.

$$\frac{1}{2} \times \frac{2}{3} = ?$$

헷갈린다. 온몸이 쪼그라진다. 누가 뒤에서 웃는다. 창피하다. 선생님이 쳐다보는 것 같다.

$$\frac{1}{2} \times \frac{2}{3} = \frac{1}{2} \times \frac{2}{3} = \frac{1}{2}$$

드디어 풀었다! 심장에 있던 그 누군가가 잠들었나 보다. 아이스크림처럼 꽁꽁 얼었던 몸은 녹아 버린다. 내 자리에 돌아와 앉자마자 다 녹은 아이스크림처럼 내 마음도 녹아내리는 것 같다.

교실 앞에서 수학 문제를 풀 때는 늘 긴장된다. 아마도 선생님과 친구들이 쳐다보는 것 같은 느낌 때문인 것 같다.

여러분도 수학 문제를 풀 때 틀릴까 봐 떨렸던 적이 있나요?

이 일기를 쓴 주인공 친구는 수학 시간에 있었던 일과 그때 느낀 감정을 솔직하게 표현했군요. 이렇게 수학 시간에 있었던 일, 느낌을 써도 훌륭한 수학일기랍니다.

〈수학 발표〉 일기 들여다보기

- **무엇을 배웠니?** 분수 곱셈 문제 해결을 배웠어!
- **무엇을 했니?** 모두 앞에서 분수 곱셈 문제를 해결했어!
- **무엇을 느꼈니?** 수학 문제를 못 풀까 봐 조마조마했어!

백설 공주와 사과

2010년 ○○월 ○○일 날씨 : 맑음

    백설 공주와 왕자님 이야기를 기발하고 재미있게 나타내었군요. 보통 일기와는 다르게 만화로 그린 점이 돋보이네요. 재미난 동화와 사과를 세는 수학적 내용이 잘 어우러진 재미난 만화 수학일기예요.

> **〈백설 공주와 사과〉 일기 들여다보기**
>
> - **무엇을 배웠니?** 사과 개수를 뺄셈으로 알아봤어!
> - **무엇을 했니?** 재미난 백설 공주 이야기와 뺄셈을 연결해 만화로 그려 공부했어!
> - **무엇을 느꼈니?** 수학을 만화로 그리니 색다른 기분이었어!

일기에는 하루 동안 있었던 일을 차례로 적어 놓을 수도 있지만, 더 좋은 일기는 기억에 남는 일이나 중요하다고 생각하는 일들이 잘 나타나 있어야 해요. 수학일기도 마찬가지랍니다. 좋은 수학일기에는 직접 겪은 수학 경험뿐만 아니라, 수학에 대한 여러분의 생각이나 느낌이 잘 드러나야 해요.

몇 편의 일기를 살펴보았듯이 수학일기는 수학을 소재로 수학 내용과 자신의 생각이 잘 드러나도록 쓴 글이랍니다.

수학일기의 역사를 알아볼까요?

수학일기는 생각보다 역사가 오래되었어요. 오래전부터 많은 수학자가 수학에 가진 생각이나 수학적 발견을 글이나 일기로 기록해 왔어요. 멀리 떨어져 사는 수학자에게 편지를 보내 수학에 대한 생각을 서로 나누기도 했지요.

이처럼 수학자들끼리 주고받았던 수학일기는 많이 남아 있어요. 당시 수학자들은 수학일기라는 말을 사용하지는 않았고 또 일기처럼 쓰지도 않았지요.

수학일기는 일기 형식을 반드시 따르지는 않아도 되기 때문에 수학자들이 남긴 수학일기는 그 종류가 다양합니다. 그럼 수학자들은 어떤 수학일기를 썼는지 살펴볼까요?

 "한번 풀어 볼래요?" 미스터리 문제

'피에르 페르마Pierre de Fermat, 1601~1665'는 '페르마의 마지막 정리'로 잘 알려진 수학자입니다.

그는 수학자로 이름을 알리고 성과를 자랑하기보다 조용히 연구하며 수학을 즐기기 좋아했어요. 그래서 읽던 책에 메모하거나 친구들이 보내 온 편지의 빈 곳에 수학 내용을 남기곤 했지요.

당시 페르마는 데카르트, 메르센 등 여러 수학자와 편지를 주고받았습니다. 페르마는 자신이 새롭게 발견한 수학 정리를 편지에 적어 놓고 아무런 설명도 붙이지 않았습니다.

"나는 이 정리를 증명했는데 당신도 한번 이 정리를 증명해 보시겠어요?"

그저 이렇게만 적어 놓았을 뿐이었지요.

페르마는 디오판토스가 쓴 《아리스메티카》라는 책의 빈 곳에 '페르마의 마지막 정리'를 써 놓았어요. 그리고 "나는 이 정리를 증명하였지만, 여백이 부족하여 증명은 생략한다."라고 적어 놓았다고 해요. 그의 정리들은 이렇게 책 곳곳에 대충 적혀 있고 증명이 빠져 있는 경우가 많았습니다. 페르마가 세상을 떠난 뒤, 그의 아들 클레망 사뮈엘은 아버지의 업적을 전해야 한다는 마음이 컸어요. 아버지가 쓴 메모들을 정리해 책으로 발표하면서 페르마의 업적이 후대까지 전해졌지요. 이후 페르마의 정리들은 모두 증명이 되었고 마지막으로 남은 것이 바로 페르마의 정리였습니다.

'페르마의 마지막 정리'가 세상에 알려지고 이 문제가 해결되기까지 300년 이상 세월이 흘러야 했어요. 페르마의 마지막 정리는 1993년, 프린스턴 대학의 앤드류 와일즈 교수가 증명할 때까지 수학사에서 '미스터리한 문제'로 남아 있었답니다.

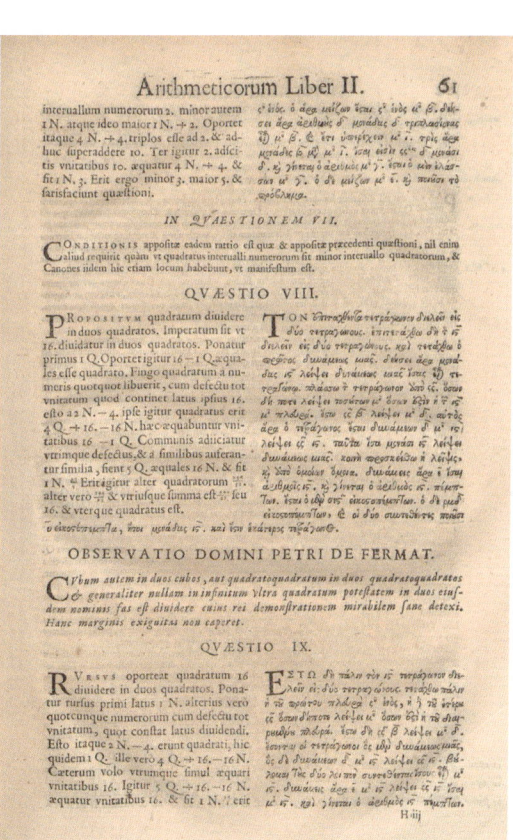

11억 원짜리 공책

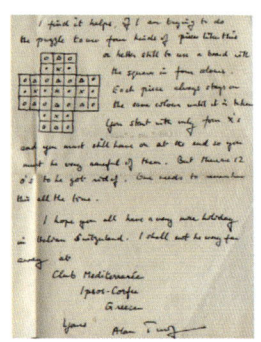

컴퓨터 과학의 아버지라 불리는 '앨런 튜링Alan Turing 1912~1954'은 제2차 세계대전 때 독일군의 암호를 해독하여 연합군이 승리하는 데 크게 기여했어요. 튜링은 암호를 해독하려고 컴퓨터 과학의 기초가 되는 수학 내용을 공책에 적어 놓았어요. 튜링은 자신이 알고 있는 수학을 일기를 쓰듯 기록하는 습관을 갖고 있었어요.

튜링이 적어 놓은 56쪽짜리 수학 공책은 2015년 4월, 한 경매장에서 우리나라 돈으로 11억 원에 팔렸다고 합니다. 이처럼 여러분의 수학일기도 후손들에게 아주 중요한 가치를 지닐지 어떻게 알겠어요?

아쉽게 사라진 수학의 별

자신이 발견한 수학을 편지로 써서 널리 알리려 하였지만 안타깝게 아무도 알아주지 못한 경우도 있어요. 놀라운 수학적 발견을 하였지만 불행했던 이 수학자는 바로 '닐스 헨릭 아벨Niel Henrik Abel 1802~1829'이에요. 오늘날 노르웨이에서 가장 위대한 수학자로 꼽히는 아벨은 당시 수학계 거장들도 풀지 못했던 문제들을 해결하였으나 아무에게도 실력을 인정받지 못했어요.

노벨상

필즈상

아벨의 불행은 당대 최고 수학자였던 가우스의 무관심 때문이기도 해요. 아벨은 가우스에게 편지를 써서 자신이 해결한 수학 문제를 보냈습니다. 가우스는 바쁘다는 핑계로 아벨의 편지를 읽어 보지도 않고 무시해 버렸지요. 결국 아벨은 자신의 실력을 인정받지 못한 채 젊은 나이에 병을 얻어 사망하고 말았습니다.

아벨상

아벨이 세상을 떠나고 이틀 후 그에게 편지 한 통이 도착했어요. 독일 베를린 대학에서 그를 교수로 채용한다는 편지였지요. 안타깝게도 아벨은 죽은 다음에야 최고 수학자로 인정받은 사람이었답니다.

수학의 노벨상, 아벨상

'아벨상'을 들어봤나요? 아벨상은 매년, 수학 분야에서 훌륭한 업적을 쌓은 학자에게 주는 상이에요. 필즈상과 더불어 아벨상은 수학의 노벨상이라고 부를 만큼 수학자들에게 매우 명예로운 상이랍니다.

　여러분도 직접 쓴 수학일기로 다른 사람과 이야기를 주고받아 보세요. 자신이 미처 생각하지 못하고 놓친 부분을 알고 생각을 크게 넓힐 수 있어요. 다른 사람이 쓴 글을 무시하지 말고, 또 자신의 글을 다른 사람에게 보여 주기를 주저하지 마세요. 다른 사람과 생각을 많이 나눌수록 수학일기를 쓸 때 좀 더 잘 쓸 수 있어요.

3000년 전 수학 문제

아메스의 파피루스 Papyrus 라고 부르는 이 책은 기원전 1650년경, 이집트 서기관 아메스가 수학 지식을 기록한 가장 오래된 수학 책이에요. 파피루스는 이집트 습지에서 자라는 물풀의 한 종류인데요. 고대 이집트인들은 이 파피루스를 지금의 종이처럼 만들어서 사용하였어요. 〈아메스의 파피루스〉에는 대부분 일상생활과 관계있는 실용적인 수학 문제와 풀이가 담겨 있어요. 이 책은 이집트인이 어떻게 셈하고 측량했는지 알 수 있는 중요한 자료랍니다.

아메스의 파피루스

고대 이집트의 수학 지식을 적어 놓은 책으로 가로 5.5m, 세로 0.33m인 두루마리로 되어 있습니다.

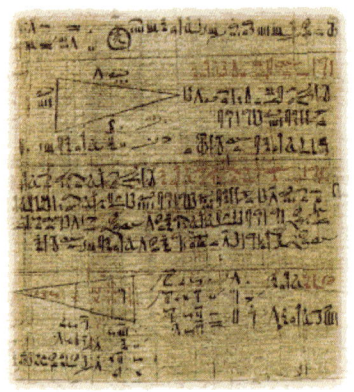
아메스의 파피루스

이집트인들이 종이로 만들어 썼던 식물 파피루스

〈아메스의 파피루스〉에는 가로가 4m, 세로가 5m인 직사각형의 넓이를 구하는 문제가 있어요. 곱셈을 몰랐던 고대 이집트인들은 돌을 이용해 셈을 했어요.

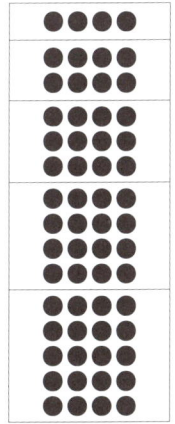 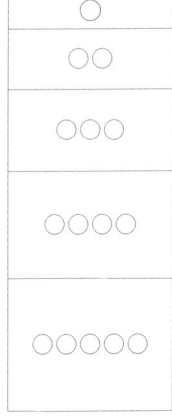

이처럼 왼쪽에는 돌을 4개씩, 오른쪽에는 돌을 1개씩 놓은 다음, 오른쪽 돌이 5개가 될 때까지 돌을 놓는 방법으로 곱셈했어요.

〈아메스의 파피루스〉는 3000년 이전에 쓰인 책이지만 수학에 대한 고대 이집트인의 생각을 엿볼 수 있어요.

4 수학일기는 왜 쓸까요?

주변에서 "공부해라." 아무리 이야기해도 여러분에게 어떠한 도움을 주는지 알아야 공부하는 마음이 생기지요? 수학일기도 마찬가지랍니다. 왜 써야 좋은지 알아야 수학일기를 쓰는 의지가 생기겠지요?

수학일기를 쓰면 어떤 점이 좋은지 4가지로 정리해 볼 수 있어요.

수학을 제대로 이해할 수 있어!

어떻게 생각해?

○○는 수학 문제집을 매일 2장씩 풀어요. 푸는 수학 문제마다 모두 맞히니 문제 풀기에 자신감도 생겼어요. 어느 날, 짝이 모르는 문제가 있다면서 가르쳐 달라고 하지 않겠어요? ○○는 당연히 문제는 쉽게 풀었지만 짝에게 어떻게 설명해야 할지 몰라 망설였어요. ○○는 짝이 "너 아는 것 맞아?"라고 묻는 것만 같아 부끄러워요.

○○처럼 수학 문제만 풀 수 있다고 수학 실력이 있다고 말할 수 있을까요?

수학 문제의 정답을 맞혔다고 "어떤 수학 내용을 이해했다."라고 말할 수 있을까요? 수학 문제를 많이 푸는 것도 중요하지만 그 문제를 완전히 이해해서 내 것으로 만드는 것이 더욱 중요해요.

"이해했다."라는 것은 선생님께 수업을 듣거나 문제 풀기만으로는 완전하게 이루어지지 않아요. 여러분이 다른 사람에게 '직접' 개념을 설명할 수 있어야 합니다. 설명하다 보면 내가 아는 것과 모르는 것을 분명히 확인할 수 있어요. 또 부족한 내용은 복습하고 좀 더 궁금한 것을 탐구할 수 있답니다. 다음을 보면서 수학을 이해한다는 게 무엇인지 살펴볼까요?

> 여진이는 초콜릿을 한 봉지에 5개씩 담아 15봉지를 만들었어요.
> 한 명에게 초콜릿을 6개씩 주면 몇 명이 받고 몇 개가 남을까요?

수현 : 수정아, 나 이 문제를 모르겠어.
수정 : 우리 같이 풀어 볼래?
수현 : 그럴까?
수정 : 한 명에게 6개씩 나눠 주기 전에 초콜릿이 모두 몇 개인지 알아야 해. 한 봉지에 5개씩 15봉지를 만들었으면 초콜릿은 15×5라서 75개지!

15봉지마다 초콜릿이 5개씩! 초콜릿은 모두 75개

수현 : 아하, 모두 75개 초콜릿이구나?
수정 : 그렇지, 여기에서 6개씩 초콜릿을 주려면 총 초콜릿 개수인 75에서 6을 나눠야 해. 75÷6=12이고 3이 남아.
수현 : 아, 12명한테 6개씩 나눠 주면 3개가 남겠다? 이제야 이해했어!

남은 초콜릿은 3개

수정이와 수현이가 나눈 대화를 살펴봤지요? 여러분이 이해한 수학 내용은 수학일기의 좋은 소재랍니다. 수학일기를 쓰면 공부한 수학 내용을 정리할 수 있고, 생활 속에서 수학을 탐구하면서 원리를 이해하니 수학 실력도 쑥쑥 자란답니다. 이처럼 공부한 내용을 머릿속에만 담아 두기보다 직접 자기 생각으로 표현하면 수학을 더 잘 이해할 수 있어요. 또 수학을 공부할 때 집중력도 높아져요. 또 내가 모르는 부분이 어디인지도 더 잘 파악할 수 있지요.

수학일기를 쓰면서 글로 생각을 표현할 수 있다면 여러분은 일기 속 수학 내용을 모두 이해했다는 뜻입니다.

> ❝ 수학일기를 통해 내가 배운 내용을 정리하고 자신의 말로 표현하면서 '수학 개념 이해력'이 쑥쑥 늘어납니다. 단순히 문제 풀기로 끝이 아니라 말과 글로 나타낼 때 수학을 이해했다고 말할 수 있습니다. ❞

 생각하는 힘이 쑥쑥!

어떻게 생각해?

△△는 ○○보다 계산 문제를 빠르고 정확하게 푸는 친구예요. 계산은 빨리하지만 논리 있게 생각하는 문제는 싫어하지요. ○○는 △△보다 수학 계산은 느리지만 깊이 생각하는 걸 좋아한답니다. 그러다 보니 차분히 앉아 고민하고 문제를 푸는 시간이 재미있게 느껴지나 봐요.

자, 여러분은 어떤 친구가 더 수학을 잘한다고 생각하나요?

수학은 덧셈이나 곱셈 같은 연산 문제를 빠르게 계산하는 것만이 아닙니다. 논리적으로 생각하는 힘을 기르는 학문이 바로 수학이지요. 같은 문제라도 여러 방법으로 다르게 해결하는 것도 중요하답니다. 따라서 계산을 빠르게 하고, 수학 문제를 잘 푸는 것만으로 수학을 잘한다고 할 수 없어요.

　뺄셈할 때, 우리가 흔히 배운 대로 풀 수도 있지만 오른쪽 학생처럼 수를 나누어서 풀 수도 있지요. 이렇게 여러 가지 방법을 생각하며 문제를 풀면 어떤 문제가 나와도 당황하지 않고 풀이를 생각하면서 문제를 해결할 수 있답니다.

　여러분은 수학을 공부하면서 어떤 점들이 궁금했나요? 선생님께 질문하고 싶었던 내용은 무엇이었나요? 수학을 공부하다가 궁금한 것들을 일기에 적고 직접 답을 구하다 보면 생각하는 힘이 커지겠지요?

'좀 더 간단하게 나타내려면 어떻게 할까?'
'어떻게 문제를 바꾸어 볼까?'
'풀이 방법을 어떻게 설명하지?'

　이렇게 생각하는 순간, 여러분은 조금씩 생각하는 힘을 키우고 있는 것이랍니다.

　❝문제에서 답을 구하는 것만이 수학을 잘한다고 말할 수 없습니다. 어떻게 쉽게 해결할 수 있는지 생각해 보고, 생활에 어떻게 적용할지 생각할 때 '수학적 사고력'이 크게 자랍니다. 수학은 생각하는 힘을 키우는 학문임을 잊지 마세요.❞

 **배운 내용을 완전히 내 것으로**

어떻게 생각해?

○○는 그날그날 학교에서 배운 수학에서 모르는 내용을 일기장에 적어 보기로 했어요.

덧셈에서 무엇을 자주 틀리는지, 여러 번 들어도 모르는 내용은 무엇이었는지.

그렇게 선생님이나 부모님께 여쭤 본 내용을 실수하지 않고 잊지 않도록 반성하며 이해하기 쉽게 써 놓으니 훌륭한 참고서가 되지 않겠어요? 거기에 이런 부분을 실수하지 말아야겠다까지 적어 놓으니 정말 꼼꼼한 오답 노트가 만들어졌어요!

일기를 쓸 때 오늘 하루 있었던 일들을 하나하나 생각해 보며 반성하듯이 수학일기를 쓸 때도 마찬가지예요. 수학일기를 쓰면서 오늘 배운 내용을 다시 생각해 보며 정리하고, 궁금한 점을 탐구합니다. 이 과정에서 여러분도 모르는 사이에 스스로 공부하는 습관을 만들고 있을 거예요. 수학일기를 쓰면 여러분 스스로 고민해서 수학 문제를 해결하고 글을 쓰면서 나만의 학습 습관을 가질 수 있어요.

덧셈 오답 일기

> 22+9의 계산 결과와 같은 것은?

① 41-11   ② 23+8   ③ 31-11   ④ 31-12   ⑤ 12+18

계산하면……
① 41-11=30   ② 23+8=31   ③ 31-11=20   ④ 31-12=19   ⑤ 12+18=30

비슷비슷한 수를 대충 보고 답을 골라서 틀렸다.
다음부터 덤벙거리지 않고 답을 하나씩 풀고 골라야지.

(두 자리 수) × (두 자리 수) 곱셈 오답 일기

곱셈할 때는 자릿수를 잘 보고 계산해야겠다!

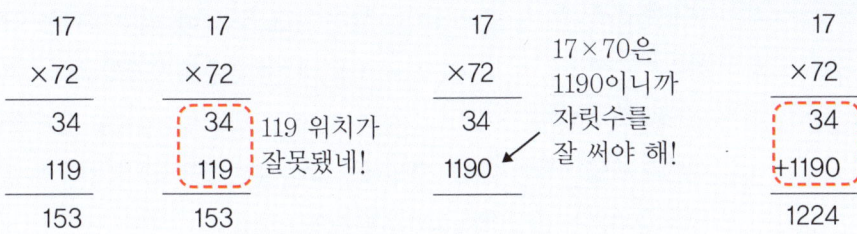

문제를 해결했을 때 "해냈다!"라는 기분을 느껴 본 적 있나요? 문제에 집중하여 스스로 풀었을 때 성취감은 더욱 커집니다. 누가 시켜서 억지로 공부하면 이런 성취감을 가질 수 없어요. 나만의 방식으로 수학 개념을 표현하고, 수학 문제를 해결하며 잘못된 풀이도 고치면서 적극적으로 수학일기를 써 보세요. 스스로 탐구하는 자기주도적인 학습 습관을 기를 수 있어요.

> 스스로 탐구하고 이를 해결했을 때 성취감은 매우 큽니다. 이런 학습 습관을 가졌다면 탐구심과 성취감이 높아 혼자서 할 수 있다는 자존감도 높아집니다. 수학일기를 통해 스스로 정리하고 탐구하는 과정에서 '자기주도 학습 습관'을 가질 수 있습니다.

 글 쓰는 능력이 쑥쑥!

어떻게 생각해?

머릿속에 생각을 담아 두기만 했던 □□. 무언가를 써서 내라는 숙제가 제일 싫은 □□이에요. 이것저것 쓰고 싶은 내용은 많은데 생각만 많다 보니 정리되는 내용이 하나도 없거든요. 그런데 요즘에는 학교에서 수학도 길게 풀어서 쓰는 숙제나 시험이 많아졌어요. 옛날에는 그냥 답만 쓰면 끝이었는데 왜 요즘에는 이렇게 문제 푸는 과정까지 쓰라고 할까요?

글을 잘 쓰는 사람의 공통점은 무엇일까요? 책을 많이 읽고, 글을 많이 쓴다는 것입니다. 글쓰기로 유명한 피터 엘보 교수는 이렇게 말하기도 했지요.

"우리는 문장을 쓰다 말고 써 놓은 것을 생각하는 데에 너무 많이 시간을 소비하기 때문에 그토록 미숙하게 글을 쓴다."

글을 잘 쓰고 못 쓰고를 떠나 쓰려는 마음이 중요합니다. 일단 글을 쓰다 보면 생각이 명확해지고 쓰고 다듬는 훈련으로 짜임새 있게 표현할 수 있어요. 수학일기를 쓰면서 아는 내용과 생각을 글로 표현하다 보면, 자기도 모르게 쑥쑥 늘어난 글쓰기 능력을 발견할 거예요. 머릿속에 아이디어는 있는데 글로 쓰기 주저하는 친구들! 걱정 마세요. 수학일기를 쓰다 보면 그런 고민이 사라질 테니까요.

앞에서도 살펴봤듯 수학은 논리적으로 생각하는 학문이에요. 어떤 문제를 해결했다면 어떻게 그 문제를 풀었는지 단계마다 과정을 나타낼 수 있어야 해요. 수학일기를 쓰면 여러분이 어떤 문제를 마주하고 어떻게 풀었는지를 자세하게 써 볼 수 있어요. 잘 쓰든 못 쓰든, 쓰다 보면 수학적 생각은 물론, 글쓰기 실력도 늘 수 있겠지요? 무엇이든지 연습과 반복이 중요하니까요!

> 처음부터 거창한 글쓰기는 할 필요 없습니다. 스스로 수학적으로 경험한 일들, 해결한 방법, 앞으로 궁금한 점 등을 쓰면 조금씩 표현하는 법을 알아갑니다. 그리고 글을 고쳐 나가면서 '글 쓰는 능력'이 향상됩니다.

5 수학은 어떻게 경험할까요?

수학일기를 쓰려면 일기 소재인 '경험'이 우선이겠지요. 그렇다면 수학은 어디서 어떻게 경험할 수 있을까요?

가장 쉽게 수학을 경험할 수 있는 곳은 '학교'입니다. 바로 여러분의 '교실'이지요. 여러분은 수학 수업 시간에 수학을 경험할 수 있어요. 수학을 암기하고 문제 풀이만 하려 한다면 제대로 된 수학 경험이라고 할 수 없어요. 먼저 자신이 배우는 수학을 잘 기억하고 이해하는 것부터 시작해야 해요. 수학 교과서에서 배운 덧셈이나 뺄셈, 분수와 소수, 도형의 넓이 구하기와 같은 수학 내용을 잘 이해하려고 노력해야지요.

책에서도 수학을 경험할 수 있어요. 수학과 관계있는 책을 읽고 이해하려면 어느 정도 수학에 기본 지식이 있어야겠지요. 이 기본 지식은 바로 학교에서 배우는 수학이 기초랍니다. 서점이나 도서관에서 학년이나 수준에 맞는 수학 도서를 구할 수 있어요. 어느 정도 관심과 수학 실력만 있다면 책을 읽는 데에는 아무런 어려움이 없어요.

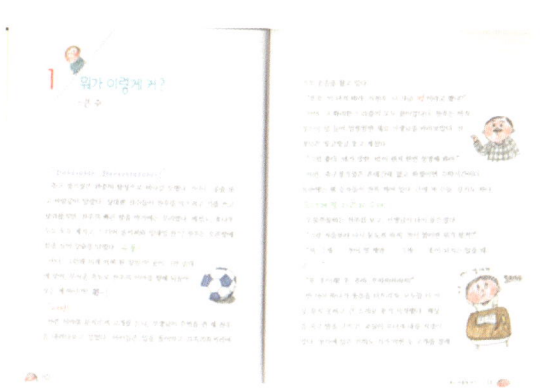

수학은 생활 속에서도 경험할 수 있어요. 수학은 꼭 교과서나 책에만 있지 않아요. 수학은 우리 주변에서 여러 모습으로 존재하고 있어요. 여러분은 그러한 수학을 발견만 하면 되는 것이지요. 마트에서 물건값을 계산하거나 버스 정류장에서 버스가 도착하는 데 걸리는 시간을 알아보는 것도 모두 수학적 활동이에요.

영수증이나 티켓에서도 수학을 발견할 수 있어!

 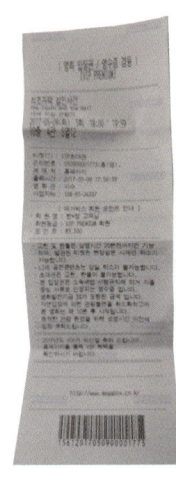 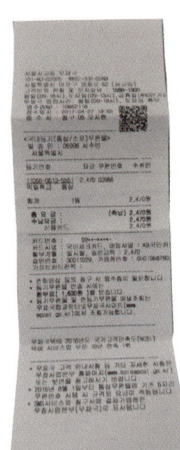

다음 버스는 몇 분 뒤에 올까? 버스는 몇 분 간격으로 있을까?

여러분이 좀 더 노력한다면 인터넷 검색으로 다양한 수학 체험 행사에 참여할 수도 있어요. 전국적으로 수학 체험 행사가 많이 열리고, 수학 체험관, 수학 뮤지컬 등 수학을 주제로 한 시설이나 공연도 많이 있답니다.

자, 그럼 좀 더 구체적으로 수학을 어떻게 경험해야 할지 알아보기로 해요.

 **학교에서 배워요**

수학 시간이면 교과서를 펼쳐 놓고 수학을 공부합니다. 자연수 덧셈이나 뺄셈, 분수와 소수를 배우고 삼각형이나 사각형 같은 도형도 다룹니다. 여러 가지 자료를 조사하여 그래프를 그리기도 하고, 규칙을 찾는 활동도 다양하게 하지요.

학교에서 배우는 수학 교과서에는 우리가 알아야 할 수학의 기본 내용이 잘 들어 있습니다. 우리는 선생님과 공부하면서 새로운 수학들을 배우고 경험할 수 있답니다.

학교 수학 시간에 무엇을 배웠는지 적어 보세요.

 **생활에서 경험해요**

"수학을 배워 어디에 써 먹는담?"

학교에서 수학을 배워도 생활에 별로 쓸모가 없다는 뜻이겠지요. 정말 그럴까요? 이 말은 수학을 잘 모르는 사람들이 흔히 하는 말입니다. 수학일기를 쓰다 보면 수학이 생활에서 얼마나 많이 쓰이는지, 또 수학이 우리 생활을 얼마나 편리하게 해 주는지 알 수 있어요. 여러분이 읽고 있는 이 책에서 소개하는 수학일기도 생활에서의 경험으로 수학을 재미있게 이해하기 위해서랍니다.

일상생활에서 수학을 경험하는 가장 쉬운 예는 '수'를 사용하는 경우예요. 물건값을 계산하고 현재 시각을 알려고 시계를 보거나 수를 세는 활동은 모두 수학과 관련이 있습니다. 이를테면 상점에서 물건을 사고팔 때 대부분 기계가 알아서 계산해 주기 때문에 일일이 값을 더하지는 않아요. 하지만 사야 할 물건 종류를 정하고 돈이 얼마나 필요한지, 이 물건을 꼭 사야 하는지 등을 따진다면 이야기는 다르겠지요? 무턱대고 값이 싸다거나 양이 많다는 이유로 물건을 소비한다면 합리적으로 소비할 수 없어요.

같은 종류의 물건을 사더라도 만든 회사나 물건 양에 따라 값이 서로 다릅니다. 이때 무엇을 고를지는 물건을 사는 여러분 몫이에요. 이때 수학은 올바르게 판단할 수 있도록 도와줍니다. 또 낭비하거나 필요 없는 물건을 사지 않도록 도와주기도 해요.

다음은 심부름을 주제로 한 친구의 생활 속 수학일기예요!

심부름

201○년 ○○월 ○○일 날씨 : 맑음

오늘 엄마의 심부름을 하였다. 내가 가져간 돈은 총 50,000원이었는데, 마트에서 13,500원을 쓰고, 정육점에서 20,000원, 문방구에서 1,300원을 사용하였다.

−13,500원 −20,000원 −1,300원

심부름을 마치고 집에 돌아오자, 10,000원짜리 지폐는 엄마께서 가지시고 남은 돈은 똑같이 둘로 나눠서 나와 동생이 반반 나누어 가지라고 하셨다. 우선 남은 돈은 50,000−(13,500+20,000+1,300)=50,000−34,800=15,200원인데, 10,000원짜리 지폐는 엄마께서 가지시니까 둘로 나눠야 할 돈은 5,200원이다. 5,200÷2=2,600원이니까 2,600원씩 가졌다.

그런데 이번에는 아빠께서 심부름한 사람이 더 많이 가져야 한다면서 5,200원의 $\frac{3}{4}$은 내가, $\frac{1}{4}$은 동생이 가지라고 하셨다. 아빠의 말씀대로 5,200원을 나누기로 하였는데, 우선 5,200÷$\frac{1}{4}$=1,300원이니까 동생이 1,300원을 갖고, 나는 나머지 3,900원을 가졌다.

심부름을 하고 칭찬도 받고 용돈도 생기니 기분이 좋다.

집에서 시계를 보는 것도 바로 수학이 있기 때문에 가능합니다. 시계는 시곗바늘 두 개로 시각을 알려 주는 아날로그시계와 인도-아라비아 숫자로 시각을 알려 주는 디지털시계가 있어요.

아날로그시계와 디지털시계 모두 장단점을 갖고 있어요. 디지털시계는 현재 시각을 정확히 알 수 있는 장점이 있고, 아날로그시계는 시간 흐름을 알 수 있다는 장점이 있어요. 수학일기를 쓰며 두 시계의 차이점과 장점을 비교해 본다면 아주 흥미로운 사실들을 많이 발견할 수 있답니다.

이번에는 우리 집 냉장고를 살펴볼까요? 냉장고에 무슨 수학이 있느냐고요? 물론 그렇게 생각할 수도 있어요. 수학일기를 쓰는 목적은 수학을 발견하고 보다 잘 알기 위해서라고 했지요? 우리 가까이에 있는 일상에서 이런 수학을 쉽게 만날 수 있습니다. 그럼 관심을 갖고 냉장고 안을 살펴볼까요?

다음과 같은 수학 질문을 생각해 볼 수 있어요.

냉장고의 온도는 얼마일까?

치즈의 영양 성분은?

달걀은 얼마나 자주 먹을까?

오이는 며칠 동안 보관할 수 있지?

온 가족이 함께 가는 놀이공원에도 수학이 있어요. 과연 어떤 수학이 있는지 다음을 한번 살펴볼까요?

◇◇는 이번 주말에 가족과 함께 놀이공원에 갈 예정이에요. 놀이공원에 있는 놀이기구를 많이 타려면 같은 길을 겹치지 않게 움직여서 이동 시간을 줄여야 해요. ◇◇는 어떻게 움직여야 빠른 시간 안에 놀이기구를 탈 수 있을지 고민입니다. ◇◇는 놀이공원 홈페이지에 들어가서 미리 지도를 준비하고, 아빠와 함께 놀이기구 타는 순서를 계획합니다.

어때요? 놀이공원에서도 살펴볼 수 있는 수학이 많지요? 수학을 몰라도 놀이공원에서 신나게 놀 수 있지만, 수학을 이용하면 조금 더 계획적으로 가족과 놀 수 있겠지요.

바둑이나 장기와 같은 보드게임도 규칙을 잘 이해하고 활용해야 게임을 유리하게 이끌고 이길 수 있지요. 보드게임은 대부분 덧셈과 뺄셈을 활용한 연산이나 수 사이의 규칙 또는 도형 등을 활용하는 경우가 많아요.

2016년 3월, 인간과 인공 지능의 바둑 대결로 화제를 일으켰던 '알파고'라는 인공 지능도 수학을 이용하여 만든 컴퓨터 프로그램이라고 할 수 있어요.

우리는 인공 지능처럼 보드게임을 잘할 수 없을지도 몰라요. 그렇지만 보드게임을 하면서 수학적으로 생각하는 힘을 기른다면 인공 지능이 따라올 수 없는 창의성을 기를 수 있을 거예요.

이번에는 우리가 먹는 음식에서 수학을 찾아볼까요?
다음은 피자에서 찾은 재미난 수학이네요.

피자 한 조각의 무게

2010년 ○○월 ○○일 날씨 : 맑음

어느 날, 피자 가게 사장님은 손님의 주문을 받고 있었다. 가게 경력이 20년이니 주문은 순조로웠다. 그때, 한 손님이 이런 질문을 하였다.

"△△ 피자 한 조각의 무게는 얼마나 되나요?"
"잠깐만 기다리세요, 제가 알아볼게요."
사장님은 당황하며 말했다.

내가 피자 가게 주인이라면 같은 상황이 일어날 것에 대비해 피자 한 조각의 무게를 미리 알아볼 것이다. 우선 △△ 피자 한 판의 무게를 알아봐야 한다.

△△ 피자를 만들려면 반죽(도우), 토핑이 필요하다. 피자 한 판을 만들 때 도우는 1kg, 올리브 하나당 2g(8개가 들어감), 살짝 매운 햄 하나당 5g(8개 들어감), 버섯과 피망 하나당 3.5g(8개 들어감), 치즈 60g이 필요하다.

피자 만드는 재료를 조사하다 보니 생각보다 많은 재료에 깜짝 놀랐다. 재료를 준비해서 피자를 직접 만들었다면 △△ 피자 한 판의 무게를 알 수 있을 것이다.

수학 체험전에서 수학을 체험해요

인터넷을 조금만 검색해 보면, 수학을 주제로 한 다양한 행사를 접할 수 있어요. 그 가운데 수학 체험전은 여러 가지 수학을 체험해 볼 수 있는 행사랍니다. 수학 체험전에서 수학을 주제로 간단한 만들기나 체험을 해 볼 수 있어요. 여기저기 체험전을 둘러보기만 해도 아주 좋은 수학 공부를 할 수 있답니다.

수학 체험관에서 일정 기간, 진행하는 행사에 언제든지 방문하여 수학과 관련한 다양한 전시물을 관람하고 체험해 볼 수 있어요. 수학 체험관에서는 수학 원리를 쉽게 이해할 수 있는 다양한 전시물과 수학 교구가 있습니다. 또 첨단 과학이나 생활에 수학을 적용한 사례들을 직접 볼 수 있어요.

▌ 수학 체험관 속 다양한 교구 ▌

ⓒ 서울특별시교육청과학전시관
남산 분관 수학 체험관 사진 제공

평소 수학에 관심이 많은 친구라면 이런 기회를 빠트릴 수는 없겠지요. 우리 주변에 어떤 수학 행사가 있는지 살펴보고 기회가 있을 때마다 꼭 참여해 보세요. 이때 자신이 한 경험을 수학일기로 쓰고 오래도록 기억해야 한다는 것이 무엇보다 중요합니다.

■ 가 볼 만한 수학 체험관과 박물관
- 남산 수학 체험관
  위치 : 서울특별시 중구 소파로 46(회현동 1가)

ⓒ 서울특별시교육청과학전시관
남산 분관 수학 체험관 사진 제공

- 서초 수학 박물관
  위치 : 서울특별시 서초구 사임당로 18길-18

- 남양주 수학 박물관
  위치 : 경기도 남양주시 수동면 외방로 62번길 44 수학문화원

- 군포 수학 체험관
  위치 : 경기도 군포시 수리산로 112 군포국제교육센터

- 노원 수학문화관
  2018년 개관 예정
  위치 : 서울특별시 노원구 중계동

- 양산수학체험센터
  위치 : 경상남도 양산시 물금읍 오봉로 28

다음은 수학 체험관에서 체험한 경험을 흥미롭게 쓴 수학일기예요.

음악도 수학이다

201○년 ○○월 ○○일 날씨 : 맑음

    가족과 함께 ○○ 수학 체험관에 갔다. 주말이라 그런지 사람들이 많았다. 1층에 있는 전시관에 가서 수학 역사와 옛날 책을 보았다. 사람 이름이 어렵고 모르는 말이 많았지만 수학은 굉장히 옛날부터 시작한 것 같다.

    밖에 나가서 도시락을 먹고 수학 체험존에 갔다. 주제는 '수학 속에서 찾은 음악'이었다. 선생님께서 도레미파솔라시도 음계가 줄의 길이가 변하면서 음 높이가 달라진다고 하셨다. 규칙에 따라 음높이가 달라진다는 것이다. 규칙을 이용하여 팬 플루트를 만들어 보았다. 팬 플루트는 관 길이를 다르게 하여 만든 악기인데 관 길이에 따라서 음이 달라진다.

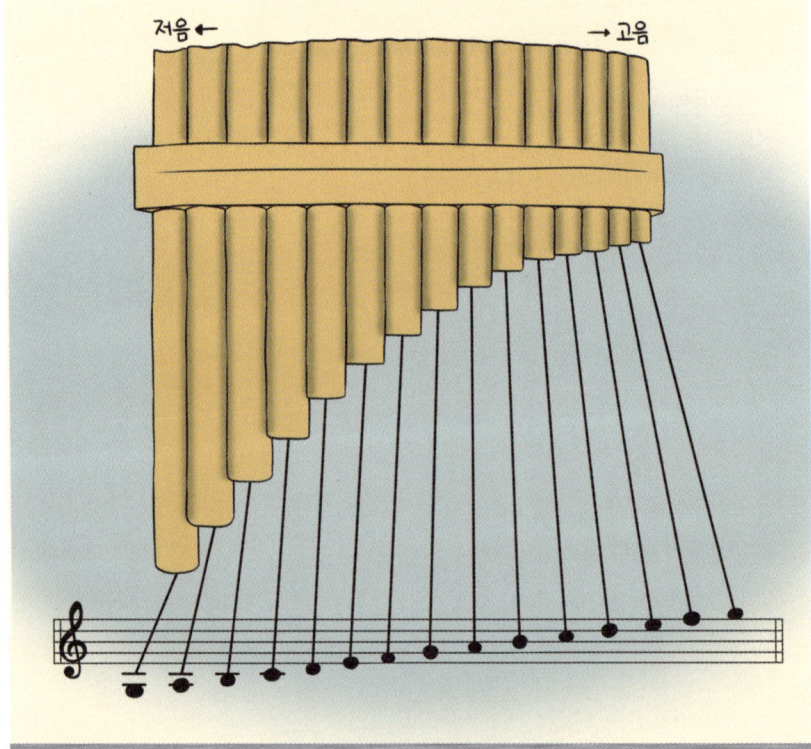

> 관을 자를 때는 아빠께서 도와주셨다. 관을 자르고 관을 이어 붙이면 끝이다. 처음에 불 때는 힘들었는데 <비행기> 정도는 불 수 있게 되었다. 관이 길수록 낮은 음이 나고 관이 짧을수록 높은 음이 나는 것이 신기했다.
>
> 아빠와 동생 것도 만들어서 동생에게 주니 좋아해서 나도 기분이 좋았다. 음악도 수학과 관련이 있다는 것이 신기했다. 우리 주변에 수학과 상관없는 것이 없는 것 같다.

친구의 일기처럼 관의 길이에 따라 음이 달라지는 놀라운 수학 이야기를 만나 봤지요? 이 친구뿐만 아니라 음악, 천문, 수학 등 많은 분야에서 뛰어난 업적을 남긴 수학자 피타고라스도 길이에 관심이 있었어요.

어느 날, 대장간을 지나가던 피타고라스는 쇠 두드리는 소리가 평소와 다르게 들리는 걸 느꼈습니다. 시끄럽게 들리던 쇠 두드리는 소리가 그날따라 좋게 들렸지요. 피타고라스는 그 이유가 궁금했어요.

그는 소리가 좋게 들리는 비밀이 '길이'에 있다는 것을 알아냈어요. 그날 이후 피타고라스는 좋은 소리가 들리는 길이에 관심을 갖고 연구했지요.

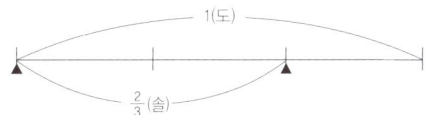

피타고라스는 처음 길이가 1인 현을 울려서 소리를 내고, 다음에 길이가 $\frac{2}{3}$인 현을 울려서 소리를 내면, 처음의 소리보다 5도 높은 소리가 나고, 또 길이가 $\frac{1}{2}$인 현은 원래 소리보다 8도 높은 소리가 난다는 것을 발견하였어요. 피타고라스가 이를 기초로 만든 음계가 바로 '피타고라스 음계'입니다.

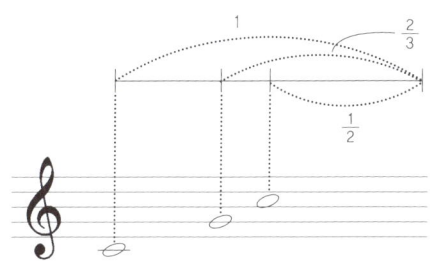

〈피타고라스 음계〉

6 일기로 보는 수학자 이야기

 가우스 : 1부터 100까지 더하는 빠른 방법은?

1780년 ○○월 ○○일

오늘은 특별한 날이었다. 선생님은 쉬고 싶으셨는지 아니면 우리가 얼마나 똑똑한지 알고 싶으셨는지 갑자기 수학 문제를 내셨다.

"1부터 100까지의 수를 모두 더한 값은 얼마일까?"

선생님이 문제를 내자마자 종이에 숫자를 적으며 재빨리 계산을 시작하는 친구도 있었다. 손가락을 세며 암산하는 친구도 있었다. 나는 문제를 생각해 보자 이내 머릿속에 답이 딱 떠올랐다.

공책에 답을 적은 뒤 나는 문제를 열심히 푸는 친구들을 보며 쉬고 있었다.

선생님께서 왜 문제를 풀지 않고 놀고 있느냐며 야단치셨다.

"선생님, 전 벌써 답을 구했어요."

그리고 답을 말씀드렸더니 선생님은 내가 푼 답을 보고 깜짝 놀라시고 친구들도 다 나를 쳐다보았다.

1부터 100까지 빨리 더하는 나만의 방법이 무엇이었느냐고?
자, 아래를 한번 봐!

이 쌍이 50개네?

$$1 + 2 + 3 + 4 + 5 + \cdots + 50$$
$$+\ 100 + 99 + 98 + 97 + 96 + \cdots + 51$$
$$\overline{101 + 101 + 101 + 101 + 101 + \cdots + 101}$$

이렇게 101이 나오면 모두 50개야. 그러니까 101×50=5050이지!

❝ 계산 결과를 알고 나면 매우 쉬워 보이지만, 당시 10세밖에 안 된 가우스Carl Friedrich Gauss 1777~1855에게는 대단한 일이었지요. 가우스는 '수학의 왕'이라고 불릴 정도로 거의 모든 수학 분야에서 많은 업적을 남겼어요. ❞

탈레스 : 지팡이 하나로 피라미드 높이를 잴 수 있다고?

기원전 ○○○년

　이집트를 여행하던 어느 날. 이집트 왕은 내가 이 마을에 도착했다는 소문을 듣고 나를 찾아왔다.
　"우리 이집트의 자랑인 쿠푸 왕의 피라미드는 매우 크다오."
　왕은 자랑을 늘어놓았다.
　"그래요? 높이는 얼마나 됩니까?"
　나는 피라미드의 높이가 궁금해 물어보았다.
　"글쎄요? 나도 알고 싶어서 여러 방법을 찾아보았으나 모두 실패했소."
　"왕께서는 무엇이든 하실 수 있으니 피라미드의 높이를 알아내실 수 있을 것 같은데……."
　왕은 내게 피라미드 높이를 알아내 달라고 말했다.

　나는 태양 빛을 받으며 웅장하게 서 있는 피라미드를 가만히 바라보았다. 잠시 생각에 잠겼던 나는 가지고 있던 지팡이에서 힌트를 얻을 수 있었다. 그리고 높이를 구해 왕에게 알려 주고 나서야 좀 더 편안한 마음으로 조용히 여행할 수 있었다.

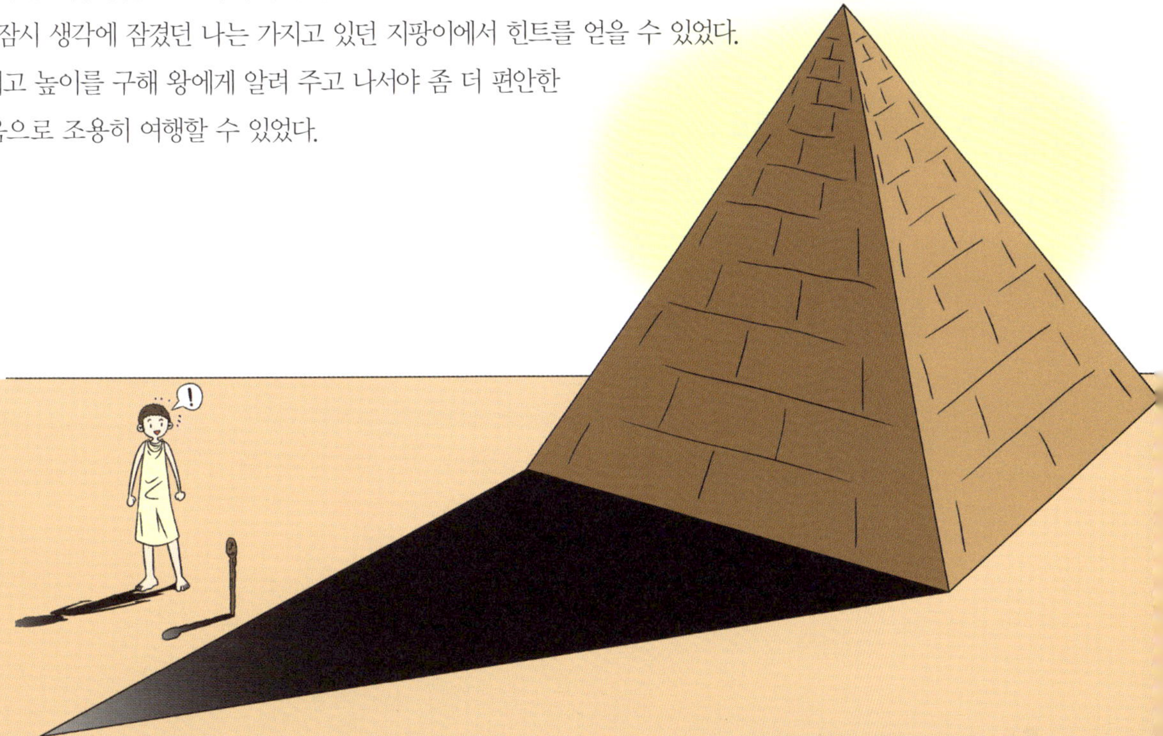

피라미드 높이를 구할 힌트가 지팡이 어디에 있느냐고?

자, 땅에 지팡이를 꽂으면 그림자가 생겨. 지팡이와 지팡이 그림자의 길이가 같아지면 때를 기다려야 해. 그리고 피라미드에 생긴 그림자의 길이를 재면 간단하지.

(피라미드 높이) : (피라미드 그림자 길이) = (지팡이 길이) : (지팡이 그림자 길이)

$$(\text{피라미드 높이}) = \frac{(\text{피라미드 그림자 길이}) \times (\text{지팡이 길이})}{(\text{지팡이 그림자 길이})}$$

피라미드   그림자   지팡이   그림자

태양의 각도로 지팡이와 지팡이 그림자의 길이가 같아졌기 때문에 피라미드 높이와 그림자 길이도 같아진다는 비례식 원리를 이용한 거야.

❝ 고대 그리스의 철학자이자 과학자, 천문학자인 탈레스기원전 624~545는 작은 지팡이 하나로 피라미드의 높이를 알아냈어요. 실제 피라미드와 지팡이 그림자의 닮음을 이용하여 쉽게 구할 수 있었지요. 탈레스는 이런 실용 지식을 공부하고 활용하며 끊임없이 '왜?'라는 질문을 가지면서 탐구했다고 합니다. ❞

네이피어 : 구구단 없이 곱셈할 수 있는 막대?

15○○년 ○월 ○일

오늘도 시장에는 많은 상인이 물건을 세고, 값을 계산하느라 분주했다.

시장 한편에서는 서로 자신의 계산이 계속 맞다고 싸우는 소리도 들렸다. 두 수를 곱하는 곱셈이 문제인 듯하다. 나는 사람들이 곱셈하는 데 겪는 어려움을 보고 늘 안타까웠다. 상인들은 인도에서 격자를 이용해 곱셈하는 방법인 격자산을 쓰고 있지만 구구단을 잘 몰라 어려움을 겪는 건 마찬가지였다.

나는 오래전부터 이 문제를 골몰히 생각했고, 드디어 새로운 곱셈 방법을 발명하기에 이르렀다. 사실 발명이라고 말하긴 그렇다. 격자산을 내 나름대로 변형했기 때문이다. 하지만 이번 발명으로 사람들이 곱셈을 정확하고 편리하게 할 거라고 확신한다.

×	1	2	3	4	5	6	7	8	9
1	1	2	3	4	5	6	7	8	9
2	2	4	6	8	10	12	14	16	18
3	3	6	9	12	15	18	21	24	27
4	4	8	12	16	20	24	28	32	36
5	5	10	15	20	25	30	35	40	45
6	6	12	18	24	30	36	42	48	54
7	7	14	21	28	35	42	49	56	63
8	8	16	24	32	40	48	56	64	72
9	9	18	27	36	45	54	63	72	81

발명한 곱셈 막대는 어떻게 사용하느냐고? 먼저 1745×35 문제를 살펴볼까?

1. 세로 막대에서 1, 7, 4, 5 조각을 나란히 붙여 놔 봐.

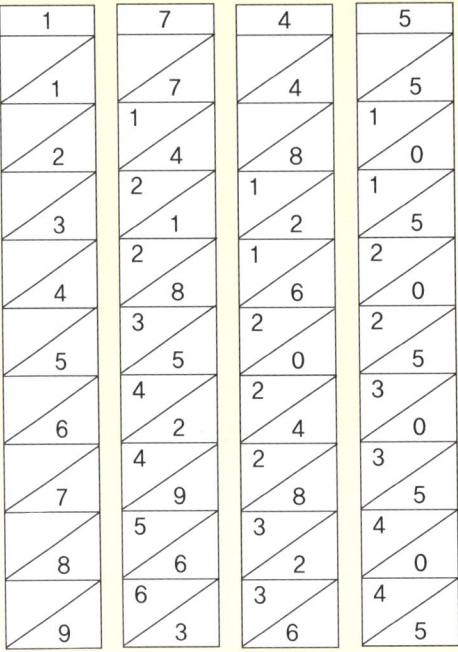

2. 그다음 가로 막대 3, 5에서 세로 막대 1, 7, 4, 5와 각각 겹치는 수를 보자.

58 스타트 수학일기

3. 3과 5열의 대각선으로 더한 두 숫자를 세로 셈으로 더해 보자.

5열: 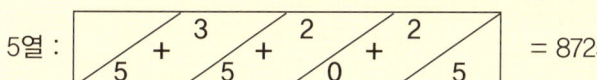 = 8725

> 뒤에 놓인 5열에서 더한 수부터 써야 해!

3열: ┌─/─┬─2/─┬─1/─┬─1/─┐
     │ /3│+/1│+/2│+/5│ = 5235
     └──┴──┴──┴──┘

4. 그다음 이 두 값을 더하면 얼마일까?

```
   8 7 2 5
+  5 2 3 5
─────────
  6 1 0 7 5
```

61075라는 답이 나오겠지?

❝ 계산기가 없었던 옛날 사람들에게 곱셈은 아주 어려운 수학 문제였어요. 곱셈하려면 우선 구구단을 알아야 했고, 덧셈도 잘해야 했거든요. 영국 수학자 네이피어(John Napier 1550~1617)는 인도의 격자산을 보고 곱셈을 쉽게 하는 방법에서 이 곱셈 막대를 생각해 냈답니다. ❞

뫼비우스 : 안과 밖이 없는 띠는?

1865년 ○월 ○일

나는 휴가를 보내기 위해 한적한 바닷가 마을을 찾았다. 낮에는 탁 트인 바다와 시원한 파도 소리를 들으며 하얀 모래 위에서 여유를 즐겼다. 평화롭던 낮이 지나고 밤이 오자 여기저기서 윙윙거리는 파리가 많아 도저히 잠을 이룰 수가 없었다. 나는 이 파리들을 어떻게 해야 할까 한참 고민하였다.

나는 별생각 없이 긴 종이 띠의 양면에 접착제를 발랐다. 그리고 종이 띠의 한쪽을 반 바퀴 돌려 양끝을 서로 연결하여 방에 걸어 두고 잤다. 하지만 이 종이 띠가 놀라운 발견으로 이어질 줄은 미처 상상하지 못했다.

다음날 아침, 내가 만든 띠에 파리들이 많이 붙어 있었다.

"이게 뭐지?"

띠를 자세히 살펴보니, 띠의 면이 하나로 이어진 게 아닌가! 한 번 꼬아 만든 띠가 어떻게 면이 하나로 이어질 수 있단 말인가?

이 놀라운 발견으로 나의 이름을 딴 뫼비우스의 띠가 탄생했다.

나도 우연히 발견했지만 놀랍지 않니? 이 띠는 일상생활에서 많이 이용하고 있어. 어디에서 이 뫼비우스의 띠를 사용하는지 한번 일상에서 잘 찾아보길 바라.

> 1865년 뫼비우스August Ferdinand Möbius 1790~1868가 이를 발견한 뒤 연구해, '뫼비우스의 띠'라고 부릅니다. 긴 띠를 반 바퀴 돌려 양끝을 연결해 보세요. 이렇게 만들어진 뫼비우스 띠는 면을 따라 색칠하다 보면 모두 한 가지 색으로 칠해지는 것을 알 수 있습니다.
> 뫼비우스의 띠는 우리 일상생활에 많이 이용하고 있어요. 공항에서 가방을 찾을 때 돌아가는 컨베이어 벨트를 아나요? 벨트의 안과 밖이 구분되어 있다면 가방을 올려놓는 곳과 아닌 곳 한쪽만 빨리 닳아서 금방 바꿔야 합니다. 그러나 한 번 꼬아 놓은 벨트는 모든 면을 골고루 오래 사용할 수 있답니다.

뫼비우스의 띠를 활용한 컨베이어 벨트

오일러 : 한붓그리기로 다리 건너기 문제를 풀다!

17○○년 ○월 ○일

며칠 전 나는 프레겔 강을 건너다 사람들이 모여 웅성대는 소리를 들었다.
"다리를 다 건널 수 있을까?"
"이러면 겹치지 않나?"
시끌벅적한 소리에 다가가자 사람들은 프레겔 강에 있는 다리 7개를 모두 한 번씩만 건너서 산책할 수 있는지 이야기하고 있었다. 순간 나는 고민에 빠졌다.
"이것이 가능할까?"
한동안 나는 이 문제를 깊이 고민했다. 그리고 이 문제처럼 다리를 한 번씩만 건너서 모두 돌아다닐 수는 없다는 사실을 알아냈다.

우선, 이 문제를 풀려면 강과 다리를 종이에 더 간단하게 나타내 봐야 해. 다리 개수, 지역 수……. 이런 것들을 좀 더 간단하게 나타내는 방법은 무엇일까?

지역은 점(·), 다리는 선(—)으로 나타내 보면 다음과 같은 모양이지?

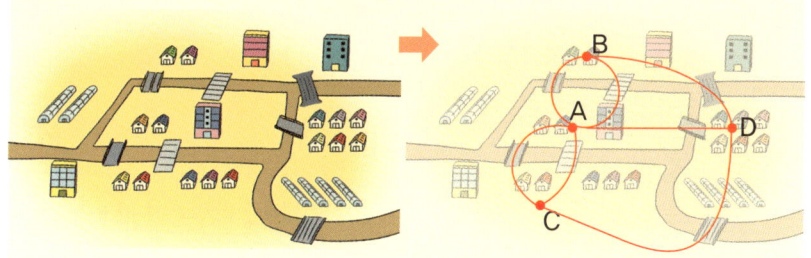

그런데 문제는 바로 여기서부터야. 한붓그리기를 하려면 도형 각 점에서 **홀수 점** 개수가 없거나 2개일 때만이야. 이때, 홀수 점 개수가 0일 때는 어디서 출발하더라도 항상 그릴 수 있지. 또 홀수 점이 2개일 때는 그 홀수 점 하나에서 그리면 다른 홀수 점에서 끝나.

홀수 점

홀수 개 선분이 만나는 점

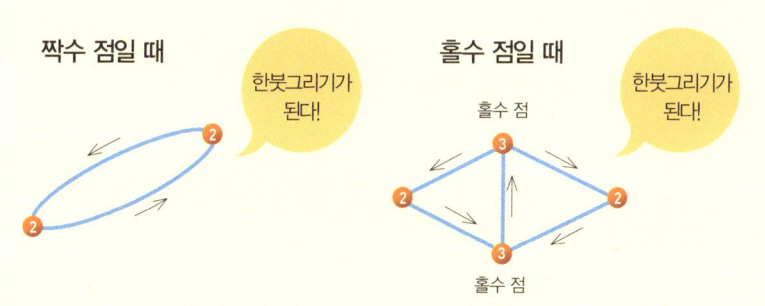

그런데 프레겔 강 다리를 볼까? **다리 7개가 모두 홀수 점** 이라, 한붓그리기를 할 수 없어. 나는 다리의 개수와 지역의 연결 관계를 생각하여 공식을 만들어 냈지. 그러자 프레겔 강에 있는 다리를 한 번씩만 건너서 모두 돌아다니기는 어렵다는 것을 알아냈지.

다리 7개가 모두 홀수 점

A점 5개, B점 3개, C점 3개, D점 3개의 홀수 점을 갖고 있어요

❝ 오일러Leonhard Euler 1707~1783는 쾨니히베르크 시에 있는 프레겔 강 다리를 모두 한 번씩만 건너는 문제에 답이 없다고 결론을 내려 해결하였어요. 이 프레겔 강에 다리 1개를 더 놓을 수 있다면 아마 아래처럼 가능할 겁니다.

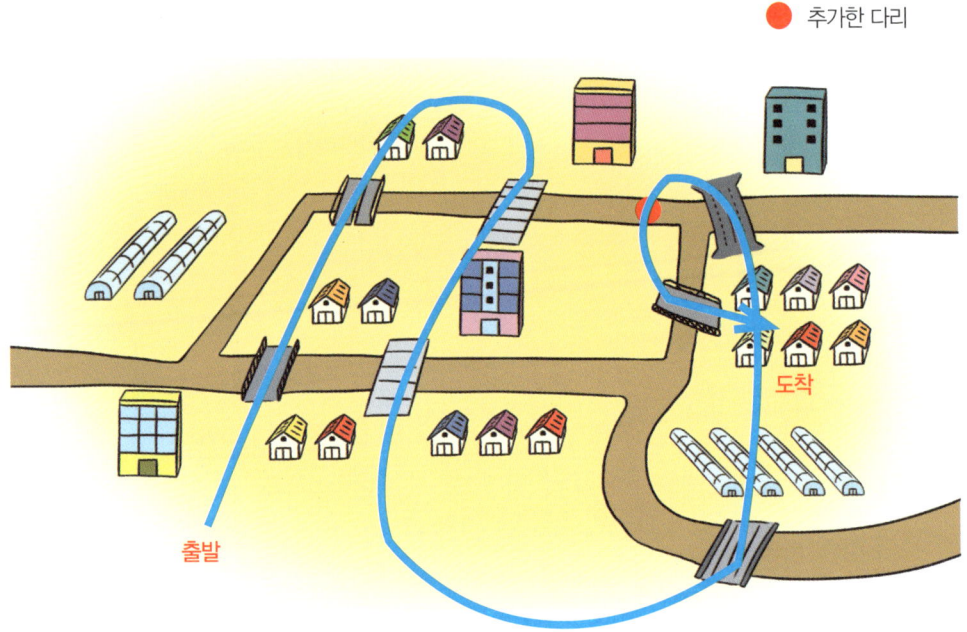

연필을 떼지 않고 모든 선을 한 번씩 지나는 한붓그리기는 오일러의 다리 건너기 문제에서 시작했다고 해요. ❞

홍정하 : 중국 수학자와의 대결

1713년 ○월 ○일

나는 중국 천문대 관직에 있는 하국주라는 사람이 한양에 왔다는 소식을 듣고, 그를 몹시 만나고 싶었다. 하국주는 천문학과 산학에 뛰어난 실력을 가진 사람이라고 한다. 드디어 오늘 나는 부족한 학문을 채우고자 그에게 가르침을 청하였고, 하국주는 흔쾌히 내 청을 받아 주었다.

하국주는 나에게 몇 가지 수학 문제를 내놓았는데, 그리 어려운 문제들은 아니었다. 그 문제는 이러했다.
"360명이 한 사람마다 은 18전을 낸다면 모두 얼마나 되겠는가?"
360×18전=6,480전(648냥)이므로 "답은 648냥이오."라고 쉽게 답하였다.

산학

생활에서 쓸 수 있는 수와 양의 간단한 성질과 셈을 다룬 학문이에요. 이 학문은 통일 신라 시대부터 시행되었다고 해요.

그러자 하국주는 또 다른 문제를 냈다. 그 문제도 내가 쉽게 풀었다. 몇 번의 문제와 답을 더 주고받자 이번에는 그가 내게 문제를 내보라고 하였다. 나는 구 안에 들어 있는 정육면체의 한 변의 길이와 구의 지름을 구하는 문제를 내었다.

이 문제는 부피를 이용하면 쉽게 해결할 수 있는 문제였으나 하국주는 한참 고민하더니 끝내 답을 내지 못했고, 내일 내게 답을 주기로 하였다. 그러나 하국주는 다음 날까지 문제의 답을 구하지 못했다. 나는 그에게 답을 설명해 주었다.

이 문제는 어렵게 생각할 필요 없다네!

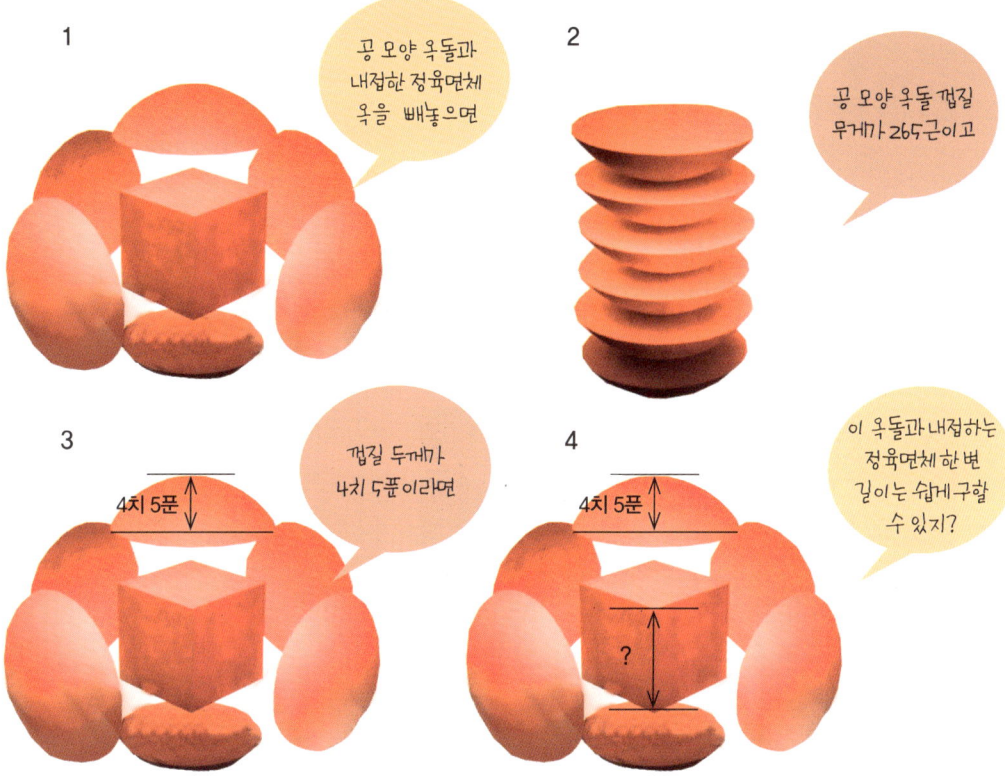

오늘 멀리 중국에서 온 수학자와 수학을 함께 이야기할 수 있는 시간이 내겐 아주 소중하고 행복한 시간이었지. 하국주와의 만남 덕분에 내가 하고 있는 수학 공부에 더욱 자신이 생겼다.

❝ 홍정하(1684년~?)는 수학을 연구하는 수학자 집안에서 태어났어요. 수학과 관련 있는 여러 내용을 체계적으로 다룬 수학책을 썼으며, 수학 연구도 많이 했어요. 홍정하는 당시 우리나라를 찾아온 중국 수학자와의 만남에서 조선의 뛰어난 수학 실력을 보여 주었지요. ❞

우리끼리 수학 놀이터 하나

클립을 이어라!

서로 떨어져 있는 클립이 하나로 이어지는 놀라운 클립 마술! 클립 마술에는 '연결'을 연구하는 '위상 수학'이라는 수학 원리가 숨어 있답니다. 다음 사진을 보니 클립 두 개가 놀랍게도 이어져 있네요.

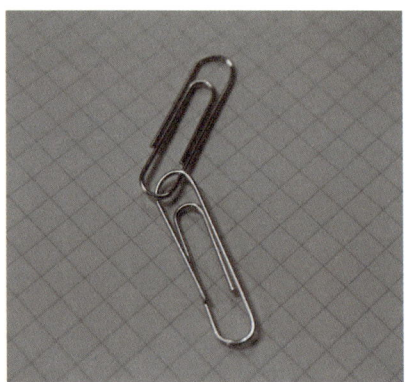

위상 수학 원리가 숨어 있는 클립 마술은 어떻게 하는 걸까요?
자! 그럼, 지금부터 클립 마술에 도전해 보기로 해요.

▌무엇이 필요할까?▐

클립 2개, 가로가 긴 종이 1장

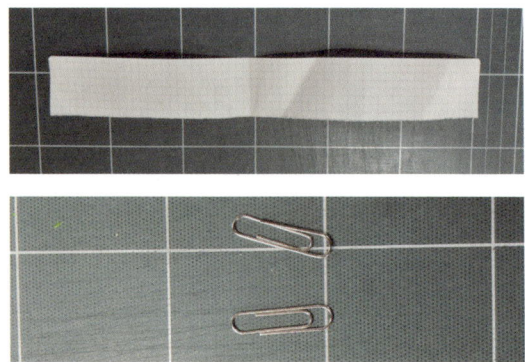

따라해 보기

1. 종이를 S 모양으로 구부려 만든다.

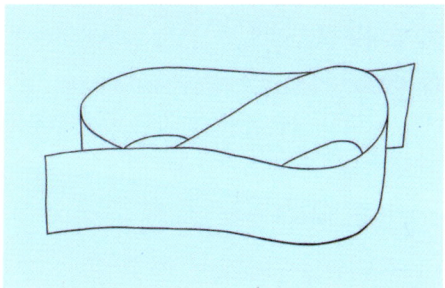

2. S 모양으로 만든 종이에서 머리와 꼬리 부분을 종이 몸통 부분에 맞닿게 누른다.

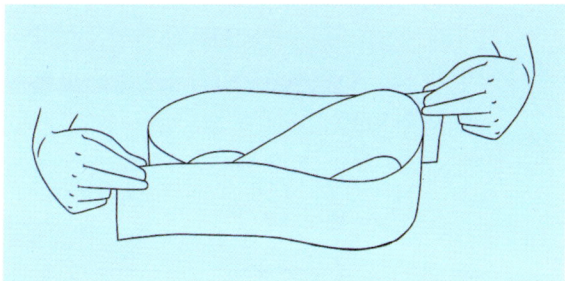

3. 종이 몸통과 맞닿게 누른 머리와 꼬리 부분에 각각 클립을 끼운다.

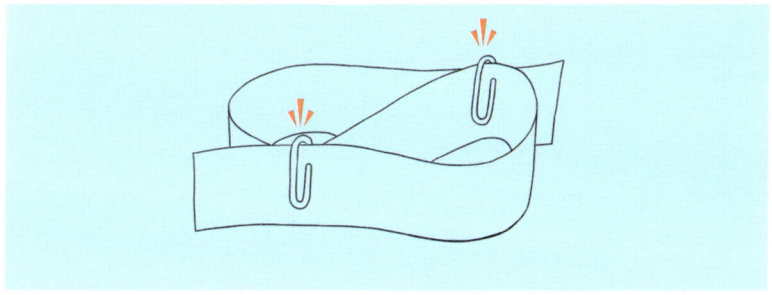

4. 클립을 끼운 종이 머리와 꼬리 부분을 빠르게 잡아당긴다.

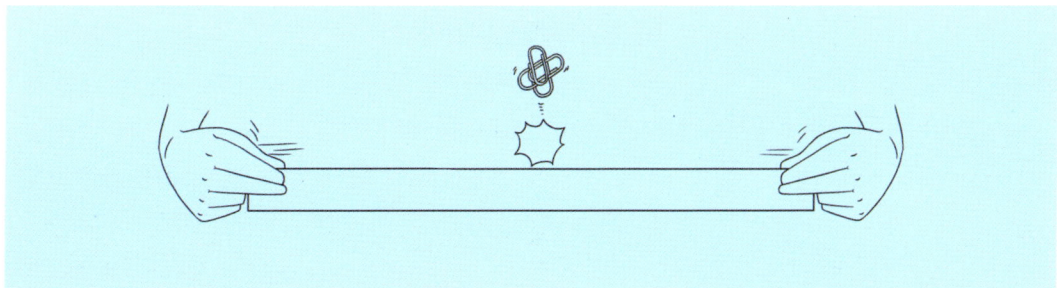

우리끼리 수학 놀이터 둘

고대 이집트인의 곱셈법

옛날, 이집트인들은 같은 수를 더하는 방법으로 곱셈하였어요. 복잡한 계산도 덧셈만으로 간단히 해결했지요. 이집트인들이 곱셈을 어떻게 했는지 알아보기로 해요.

문제 84×26을 통해 그들의 곱셈법을 함께 살펴볼까요?

먼저 왼쪽 표에는 1부터 2씩 곱한 수를 차례로 씁니다. 그리고 오른쪽 표에 곱할 수 26부터 2씩 곱해 나온 수를 써 봅시다.

1			1	26
2	×2		2	52
4			4	104
8	×2	→	8	208
16			16	416
32	×2		32	832
64			64	1664

그런 다음, 왼쪽 1, 2, 4, 8, 16, 32, 64의 수 가운데 84를 만들 수 있는 수를 찾아요. 간단한 덧셈만으로도 84를 만들 수 있답니다.

$$84 = 64 + 16 + 4$$

위와 같은 식을 만들 수 있으므로 64와 16, 4에 해당하는 수를 오른쪽 표에서 찾아요.

	1	26
∨	2	52
	4	**104**
	8	208
∨	**16**	**416**
	32	832
∨	**64**	**1664**

84 = 64 + 16 + 4 이므로
84 × 26 = 1664 + 416 + 104
         = 2184

그런데 왜 64, 16, 4에 해당하는 수를 찾을까요? 그건 문제가 84×26이기 때문이에요. 즉, 26을 84배 한 수를 찾는데 오른쪽 수는 26을 몇 배 한 수들이에요.
따라서 26×(64+16+4)=2184인 셈이지요.

| 따라해 보기 |

24 × 14

2장

수학일기 속으로

지금까지 우리는 수학일기가 무엇이고 대체 왜 써야 하는지 알아보았어요.
하지만 수학일기 쓰기에 도전하기 쉽지는 않지요?
그래서 이번 장에서는 친구들이 쓴 수학일기를 살펴보며
어떻게 수학일기를 써야 할지 알아보려고 해요.
여러 가지 수학일기를 하나하나 살펴보면 무엇을 어떻게 써야 할지
느낌이 확 올지도 몰라요!

1 수학일기 파헤치기

사람마다 수학일기를 쓰는 이유는 서로 다를 수 있어요. 어떤 사람은 경험한 수학 내용을 더 잘 이해하기 위해 쓰고, 또 어떤 사람은 경험한 수학 체험을 다른 사람과 이야기하고 생각을 나누고자 수학일기를 쓰지요. 사람마다 쓰는 이유와 목적은 다를 수 있지만 수학일기를 통해 수학과 좀 더 친숙해지려는 이유는 같습니다.

수학일기에는 어떤 종류가 있나요?

일기, 하면 날짜·날씨·제목을 적은 다음, 그날 있었던 일들을 쓰는 것을 떠올려요. 우리가 알고 있는 일기도 사실은 여러 가지 방법으로 쓸 수 있어요. 그림을 그리는 그림일기와 만화나 시로 쓰는 일기도 있어요.

수학일기도 마찬가지랍니다. 보통 일기처럼 쓸 수도 있지만 그림이나 표 또는 기호 등을 써서 다양한 방법으로 표현할 수 있어요.

여러분은 어떤 방법으로 수학일기를 쓰고 싶나요? 이제부터 수학일기를 어떻게 쓸지 살펴보기로 해요.

우리가 쓰는 일기는 보통 이렇지?

 수학일기

우리가 흔히 쓰는 일기라고 생각하면 이해가 쉬울까요? 수학에 대한 자신의 경험이나 생각을 일기 쓰듯 글로 나타내는 것이지요. 보통 수학일기는 먼저, 쓰는 날짜와 주제를 간단히 적고 그날 경험한 수학 내용을 자유롭게 써요.

수학일기를 어떻게 잘 써야 할지 고민하지 않아도 좋습니다. 잘 쓰려고 너무 고민하다 보면 여러분의 생각이나 느낌을 잘 표현하지 못할 수도 있어요. 날짜를 쓰고 수학 내용을 간단히 적어도 의미 있는 수학일기가 될 수 있어요.

주제가 담긴 제목! 정확하게 무엇을 쓸 거니?

칼로리로 선택한 음료수

201○년 ○○월 ○○일 ○요일 날씨 화창함

날씨와 날짜! 네가 쓰는 그날의 날씨와 날짜야!

엄마와 공원을 산책하다 목이 말라 음료수를 먹기로 하였다. 딸기 주스, 아이스티, 키위 주스, 망고 주스가 있었는데 무엇을 먹을까 고민을 하였다. 그런데 가격표 아래에 주스 1개의 칼로리가 적혀 있었다.

딸기 주스는 594kcal, 아이스티는 1,188kcal, 키위 주스는 702kcal, 망고 주스는 599kcal였다. 아이스티는 칼로리 양이 너무 높았다. 고민 끝에 칼로리가 가장 낮은 딸기 주스를 먹기로 하였다. 594×2=1188. 아이스티 1개의 칼로리가 딸기 주스 2개와 같다는 것을 알 수 있었다. 학교에서 음식의 성분표를 살펴보는 법을 배운 것이 이렇게 도움이 되다니 정말 흐뭇했다. 이제부터는 무턱대고 물건을 살 것이 아니라 성분표, 칼로리, 가격을 꼼꼼하게 살펴보아야겠다.

수학적 내용 구체적으로 어떤 수학 내용인지를 네 마음대로 정리하며 써 봐!

글쓴이의 느낌! 지금까지 쓴 내용에서 어떤 느낌이 들었니?

선생님, 이 일기 어때요?

○○ 학생은 음료수를 고르는 기준을 칼로리로 정해 일기를 썼어요. 학교에서 배운 내용을 실생활에 적용해 보고 기뻐하는 모습, 음료수의 칼로리 양을 비교하는 모습을 자세히 잘 기록했네요.

2장_ 수학일기 속으로 **75**

 **설명하는 수학일기**

내가 아는 것과 아는 것을 말로 설명하는 것에는 엄청난 차이점이 있어요. 아무리 잘 안다고 해도 막상 말이나 글로 설명하려면 어려울 수 있어요. '설명하는 수학일기'는 배운 내용이나 알고 있는 수학을 글과 식, 그림 등으로 설명하듯 일기를 쓰는 것입니다.

내가 아는 내용을 설명해야 하기 때문에, 수학 내용을 좀 더 깊이 생각해야 해요. 그 과정에서 논리적으로 쓰거나 말하는 능력도 길러져요.

신기하고 특별한 픽의 정리

201○○년 ○○월 ○○일 ○요일 날씨 해님 반짝

픽의 정리가 뭔지 설명하네?

→ 픽의 정리란 픽(Pick)이 만든 정리로 점과 점 사이의 길이가 1cm인 지오보드 판 위에 여러 가지 그림의 넓이를 구할 수 있다.

그 방법에는 2가지가 있는데

1. 경계선의 점이 1개가 늘어나면 넓이는 $\frac{1}{2}$씩 커지니까 (경계선의 점)$\times\frac{1}{2}-1$을 해 주면 된다. 예로 ◁와 같은 그림이 있다면 $3\times\frac{1}{2}-1=\frac{1}{2}$로 식이 성립한다.

두 가지 방법으로 픽의 정리를 풀고 있어!

→ 2. 내부의 점이 1개가 더 늘어나면 넓이는 1씩 커지므로 (도형의 넓이)=(경계면의 점)$\times\frac{1}{2}$+(내부의 점)-1이다. 예로 ⬠와 같은 그림이 있다면 $5\times\frac{1}{2}+1-1=5\times\frac{1}{2}=\frac{5}{2}=2\frac{1}{2}$이므로 마찬가지로 식이 성립한다. 만약 지오보드 판에 구멍이 뚫린 그림을 그리고 그것의 넓이를 알려면 아까 말한 그 식으로는 못 구하고 (도형의 넓이)$-\frac{1}{2}\times$(경계선의 점의 수)+(내부의 점의 수)$-1+$(구멍의 수)라는 새로운 식을 써야 한다.

생활에서 응용까지 하네?

→ 나는 픽(Pick)이 어떻게 이런 정리를 알아냈는지 궁금하고 이 정리를 알게 되어 넓이 구하기가 쉬워진 것 같다.

 ○○ 학생은 지오보드에서 여러 가지 도형을 만들어 넓이를 탐구하다가 다음과 같은 **픽의 정리**를 알았네요.

(도형의 넓이)=(경계선의 점의 수)×$\frac{1}{2}$+(내부의 점의 수)-1 조금은 생소한 '픽의 정리'를 그림과 설명으로 자세하게 이야기하고 있어요.

픽Pick의 정리

수학자 게오르그 알렉산더 픽이 정리했어요. 다각형의 둘레에 있는 점의 개수와 내부에 있는 점의 개수에 따라 다각형의 넓이가 달라진다는 정리입니다.

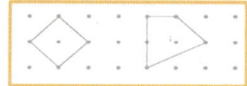

(다각형의 넓이) = (둘레에 있는 점의 개수÷2-1+(내부에 있는 점의 개수)

처음 지오보드는 나무 판자 위에 일정한 간격으로 못을 박고 그 못에 고무줄을 연결하도록 만들었어요. 요즘에는 플라스틱으로 만들어 무게도 가볍고 모양과 종류도 다양해 평면도형을 공부하는 데 많은 도움이 됩니다.

그림 수학일기

그림 수학일기는 유치원 어린이나 쓰는 거라고 시시해하는 학생도 있지만 아주 큰 장점을 지니고 있어요. 여러분이 생각한 수학 개념을 그림으로 나타내다 보면 여러 가지 수학 개념을 서로 연결하는 데 도움이 돼요. 또 그림 실력과 수학일기는 전혀 상관이 없으니 수학 시간에 선생님이 칠판에 설명하듯 그림·숫자·기호·설명 등을 간단히 곁들여도 좋아요.

퀴즈네어 수 막대

퀴즈네어 막대 Cuisenaire color rods**란?**

벨기에의 초등학교 교사 퀴즈네어가 만든 수학 교구입니다. 그는 학생들이 음악 선율을 쉽고 재미있게 학습하듯, 수학도 그렇게 배울 수 있길 원했어요. 선율에서 힌트를 얻어 나무 막대 10개를 만들었지요. 막대는 1cm부터 10cm까지 길이가 다르고, 색깔도 다릅니다. 수 세기, 사칙 연산뿐만 아니라 약수와 배수를 구할 수 있고, 분수의 덧셈과 뺄셈도 가능합니다. 또 길이를 재고, 넓이와 부피의 개념을 학습하는 등 수학 모든 영역에서 활용할 수 있어요.

2010년 ○○월 ○○일 목요일 날씨 맑음

학교에서 퀴즈네어란 수 막대로 수학 학습지를 했다.
처음엔 10이 되는 수를 만들어야 되는 거였다.
그건 굉장히 쉬웠다. 또 있었다. 그건 좀 비슷했다.
나오는 수로 10을 만들어야 됐다. 그것도 쉬웠다.
그다음에는 수 막대로 100이 되는 수를 만들어야 된다.
그것도 쉬웠다. 하지만 그다음엔 어려웠다. 그것도 무사히 다 했다.

선생님, 이 일기 어때요?

퀴즈네어 막대로 10을 만드는 활동을 썼어요.
2가지 막대로 10을 만드는 활동은 쉬웠는데 막대를 3가지 이상 써서 10을 만드는 활동은 어려웠지만 무사히 다 했다며 즐거워하고 있어요. 새로운 수학 교구 활동이 재미있었음을 그림으로 재미있게 나타냈네요.

수학 만화 일기

수학 만화 일기는 수학을 간단한 만화로 표현하여 쓴 일기를 말해요. 대개 한 쪽에 표현하며, 장면은 1~4개 정도로 나타내는데 만화는 이야기 하나가 장면 여러 개로 쭉 이어져요. 이처럼 수학 만화 일기도 하나의 수학 내용을 장면 몇 개로 이어지게 나타내는 거예요.

수학을 만화로 나타내다 보면 평소 생각하지 못했던 기발한 상상을 할 수도 있어요. 친구들과 수학 만화 일기를 나누다 보면, 서로의 생각에서 다양한 수학적 상상과 즐거움을 느낄 수 있어요.

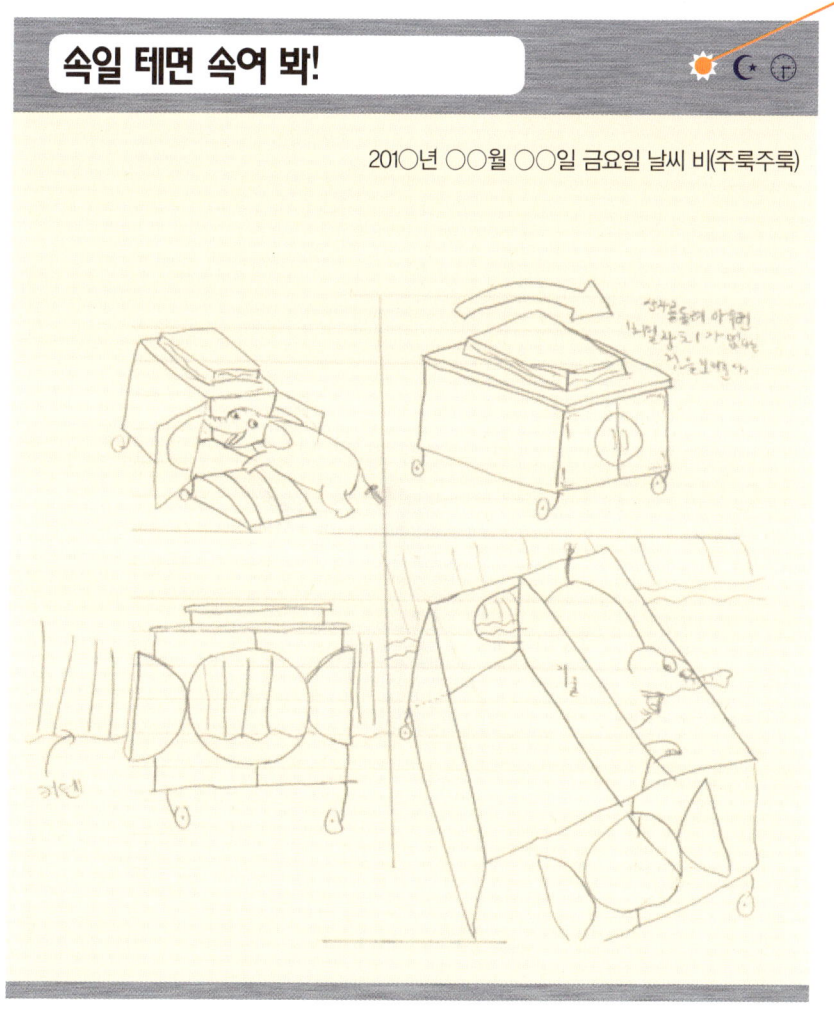

잠깐! 수학 만화 일기?

1. 어떤 수학 주제로 만화를 그릴지 정해!
2. 이야기를 몇 컷으로 그릴지 생각해.
   – 되도록 4~6컷 정도가 적당해.
3. 컷을 정했으면 그려 볼까?
   – 이야기의 핵심을 그림으로 그려야 해.
   – 만화는 글보다 그림이 나타내는 게 크거든!

독서를 통해서 안 직육면체 활용 마술의 비밀을 재미있게 표현하였어요. 글로 썼으면 이해하기 어려웠을 텐데 만화로 표현하니까 한눈에 이해하기 좋지요?

 편지 수학일기

전화나 인터넷이 없던 옛날 사람들은 편지를 써서 자기의 생각을 전했어요. 수학자 역시 마찬가지로 자신이 알고 있는 내용을 편지에 써서 서로 주고받았어요. 일기와 다르지만 수학일기를 편지처럼 써 보는 것도 특별한 경험이에요. 친구가 아니라 나 자신에게 보내는 수학 편지도 가능하답니다. 수학 편지를 쓰면 상대를 생각하며 글을 쓰기 때문에 내용을 좀 더 깊게 고민하고, 편지를 읽는 상대가 이해할 수 있는지 생각하게 돼요.

▌편지 수학일기 쓸 때 주의해! ▌

1. 무엇으로 편지 수학일기를 쓸 거야?
    – 어떤 수학 내용을 쓸지 주제를 정해!
2. 누구한테 보낼 편지 수학일기야?
    – 어른이면 존댓말, 친구면 친근하게 써야 하니까!
3. 설명 편지야? 질문 편지야?
    – 누군가에게 모르는 걸 물어본다면 질문 수학 편지
    – 누군가에게 네가 아는 걸 이야기한다면 설명 수학 편지

만보기의 신기함과 뿌듯함

언니에게

언니! 미국에서 어학연수는 잘하고 있어?

매일 언니와 티격태격했는데 언니가 옆에 없으니 언니가 너무 보고 싶어!

학교에서 신체검사를 위해 키와 몸무게를 측정했는데 과체중으로 나왔지 뭐야!

요즘 운동을 하지 않고 간식을 너무 많이 먹었나 봐.

그래서 내 핸드폰에 만보기 기능을 설치했어.

만보기 기능을 설치한 후 계속 걷고 또 걸으면서 1월에는 39,665걸음을 걸어 772.2kcal가 소모되었어.

2015년 4월부터 2016년 2월까지 총 388,859걸음을 걷고 8,931.2kcal가 빠졌어. 언니, 동생이 정말 대단하지 않아?

201○년 ○○월 ○○일 ○요일   서울에서 언니를 보고 싶어 하는 동생이

> 누구에게 보낼지 나와 있지?

> 언니에게 보내는 편지라 더 친근한 말투로 만보기 수학을 이야기하고 있어!

> 얼마나 운동했는지 직접 계산했네!

> 이해하기 쉽게 그림도 그렸네?

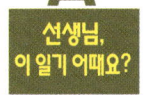
선생님, 이 일기 어때요?

만보기로 측정한 칼로리 소모량을 알아보고 알려 주는 편지를 썼군요. 스스로 칼로리 소모량을 계산해 보면서 신기해하고 뿌듯해하는 마음이 잘 나타나 있네요!

 **기타 수학일기**

선생님이 수학 수업을 하시는 것처럼 여러분도 수학을 가르쳐 보면 어떨까요? 수학 시간에 배웠거나 경험한 내용을 가르치는 것처럼 쓸 수 있어요. 평소 선생님이 어떻게 수업을 진행하시는지 잘 떠올리며 수학일기를 써 보세요.

신기한 고대 이집트 숫자

2010년 ○○월 ○○일 목요일 날씨 맑음

수학 동아리 시간에 고대 이집트 숫자와 바빌로니아 숫자에 대해 공부를 하였다. 고대 이집트 숫자는 다음과 같이 나타낸다.

1 =
10 =
100 =
1000 =
10000 =
100000 =
1000000 =

1은 막대 눈금 모양, 10은 말굽 모양, 100은 감긴 노끈 모양, 1000은 연꽃 모양, 10000은 손가락 모양, 100000은 올챙이 모양, 1000000은 너무 어마어마하게 큰 수라서 놀라는 사람 모양이다.

우리 집은 1405호다. 고대 이집트 수를 이용하여 1405를 표현하겠다.
1000 = ⌒ = 1개 = ⌒
100 = e = 4개 = eeee
1 =) = 5개 =)))))
1405 = ⌒ eeee)))))
이집트 숫자는 자릿수 구별이 쉽지만 쓰기가 힘들다.

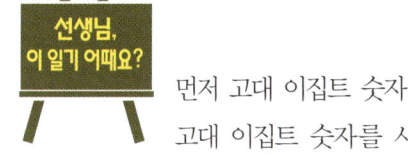
먼저 고대 이집트 숫자 표기법을 자세하게 설명하지요? 그리고 고대 이집트 숫자를 사용하면서 안 장단점도 잘 설명하네요. 이렇게 배운 것을 이용하여 일기를 쓰면 더 확실하게 공부할 수 있어요!

시로 쓰는 수학일기

샛별 같이 빛나는 예쁜 눈동자의 아가씨!
내게 당신의 향기와도 같은 지혜를 보여 주오.
꽃밭에는 벌떼가 날고, 벌떼의 5분의 1은 백합 꽃에,
3분의 1은 프리지어 꽃에,
그들의 차의 3배의 벌들은 장미꽃으로 날아가네.
나머지 한 마리의 벌은 실비아 향기와 재스민 향기에 빠져,
허공을 맴돌고 있네.
꽃밭에 벌들이 얼마인지 내게 말해 주오.

아름다운 시로 표현한 수학이에요. 이 수학 시는 13세기경 인도 수학자 바스카라가 쓴 책 〈리라버티〉에 실려 있는 수학 문제예요. 인도 사람들은 수학 문제를 기호나 문자 대신 이처럼 아름다운 시로 나타냈어요. 인도인의 상상력이 얼마나 대단한지 이 시에서 느낄 수 있겠지요.

여러분도 수학을 시로 표현해 보면 어떨까요? 처음엔 어렵게 느껴지겠지만 어느 정도 익숙해지면 수학 시의 매력에 빠질 수도 있어요. 그럼 친구들은 어떻게 시로 수학일기를 썼을까요?

이루어질 수 없는 사랑

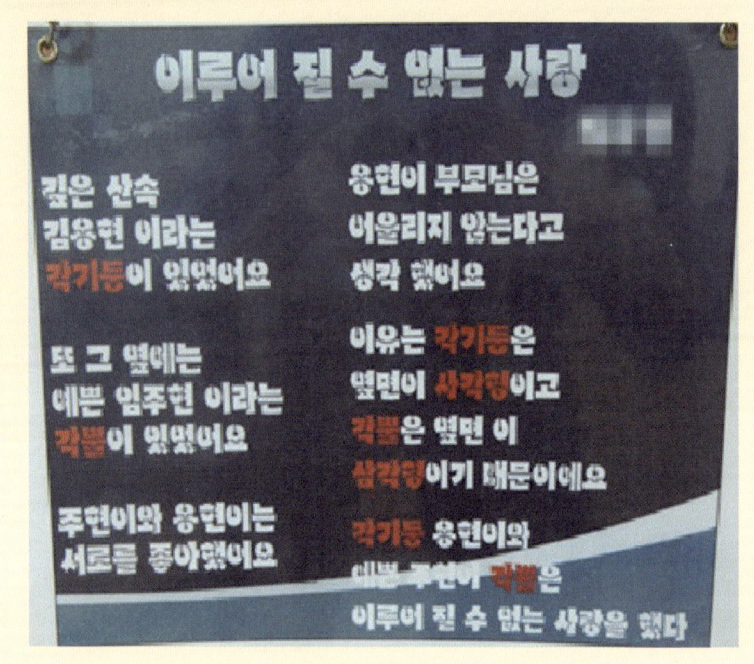

배운 각기둥과 각뿔을 아름다운 시로 표현했어요. 각기둥과 각뿔을 서로 특징이 달라 이루어질 수 없는 사랑을 하는 커플로 표현한 것이 정말 놀랍네요!

입체 도형들의 동창회

입체 도형들의 동창회

오늘은 입체 ○의 동창회가 있는 날입니다.

20년이 지난 지금 어떻게 변해 있을까??
두근두근 설레는 마음으로 동창회 장소에 들어섰습니다.
이럴 수가ㅡ우리는 이미 많이 변해 있었습니다...
먼저 뚱뚱하다고 놀림을 받던 겁기둥은 듬직한 웃장이 되어 있었습니다.
또 못생겼다고 놀림 받던 삼각불은 아름다운 아가씨가 되어
생일파티에 초대받는 고깔 모자가 되어있었습니다.
그리고 목소리가 이상해서 놀림 받던 사각불은 멋진 성악가가 되어
피라미드가 되어있었습니다. 또 키가 작아서 고민이었던
육각 기둥은 키가 큰 육각기둥모양 상자가 되어있었습니다.

우리는 모두 멋지고 아름답게 변하여 있었습니다.------

선생님, 이 일기 어때요? 입체도형들이 20년 후에 만나 동창회를 열면서 서로 멋진 모습으로 자란 서로를 칭찬하고 있네요. 이 일기를 읽고 있으니 입체도형의 동창회에 가 본 듯한 느낌이 드는군요.

그래프로 나타낸 수학일기

학교에서 수학 시간에 배운 표와 그래프를 이용하여 쓸 수도 있어요. 생활 속 다양한 상황과 신문 그리고 뉴스나 인터넷에서 본 것, 또는 가족이나 친구를 대상으로 설문 조사한 내용을 표와 그래프로 나타낼 수 있답니다. 표와 그래프의 장점은 글로 표현할 때보다 한눈에 알아보기 쉽다는 것이지요.

※ 그래프 그릴 때 주의해!

1. 특정 기간 동안 변화가 있는 수치(또는 양)를 적어!
   보기 : <u>일주일 동안</u> 내 <u>몸무게는 얼마나 늘거나 줄었을까?</u>
   　　　　(기간)　　　　　　　(몸무게 수치 변화)
   보기 : <u>하루 동안</u> 내가 <u>먹은 사탕은 얼마일까?</u>
   　　　　(기간)　　　　　　(사탕 개수)
2. 기간 동안 수치 변화는 어떤 그래프로 그릴지 정해!
   보기 : 꺾은선그래프, 막대그래프, 원그래프 등
3. 그래프로 그려 보고 결과에 느낀 점도 적어 봐.

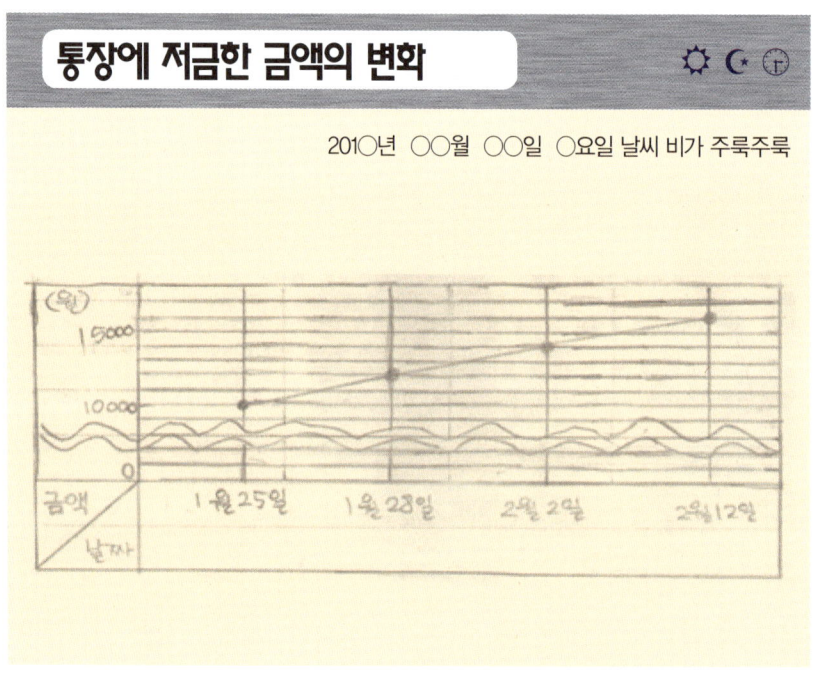

오늘 통장에 저금을 했다. 방학 숙제로 1월 25일에 통장을 만들고 통장에 만 원을 저금하고 또 1월 28일에 2천 원, 2월 2일에 2천 원을 저금했다. 그리고 오늘 2천 원을 저금했다. 그래서 '통장'에 저금한 금액의 변화로 그래프를 그렸다.

그래프에서 필요 없는 부분을 줄이는 학교에서 배운 물결선으로 통장에 저금한 금액의 변화를 뚜렷하게 알 수 있었다. 학교에서 배운 것으로 이렇게 나타내니 재미있고 뿌듯하다.

선생님, 이 일기 어때요?

통장에 저금한 금액 변화를 물결선을 사용한 꺾은선그래프로 나타내었네요. 학교에서 배운 내용을 이용하여 저금액 변화를 나타내니 공부도 하고 재미있고 뿌듯했겠어요.

앞서 말했지만 수학일기에는 특별한 형식이 없어요. 수학일기를 쓰는 방법은 이 책에 소개한 것 말고도 수십 가지가 더 있을 수 있어요. 수학일기 형식을 많이 알기보다 자신에게 맞는 수학일기 쓰기 방법을 찾아야 해요. 또 꾸준히 수학일기를 쓰는 것도 중요하지요.

수학일기를 쓰는 목적은 여러분이 경험한 수학을 다시 생각해 보는 기회를 가지면서 재미있게 이해하는 거예요. 또 자신감을 얻기 위해서이기도 해요. 수학을 좋아하고 잘하는 방법은 이런 깊은 고민부터 시작한답니다.

② 수학일기, 단계별로 접근하기

이제 수학일기가 무엇이고, 어떤 것들이 있는지 잘 알았지요? 그럼 지금부터 본격적으로 수학일기를 써 보기로 해요. 그냥 생각나는 대로 수학일기를 쓸 수도 있어요. 다른 친구들의 수학일기를 살펴보고 어떤 방법이 더 좋은지 관찰하며 생각해 보는 것도 좋아요. 이렇게 하면 여러분의 수학일기를 좀 더 쉽고 의미 있게 쓸 수 있어요.

수학일기 세 바퀴

글쓰기의 기본은 '경험'을 쓰는 것이에요. 수학일기도 여러분이 한 경험으로 써야 해요. 수학에 아무런 경험이 없다면 수학일기를 쓸 수 없어요. 오늘 학교에서 배운 수학도 없고, 하루 내내 수학을 생각해 본 적이 없다면 그날 수학일기는 쓸 수 없겠지요. 이번에는 수학일기를 쓰는 과정을 이야기하려고 합니다. 이 책에서는 그 과정을 '수학일기 세 바퀴'라고 부를 거예요.

수학일기 세 바퀴는 '수학적 경험, 생각 나누기, 글쓰기'의 3단계로 나눌 수 있어요. 지금부터 수학일기 세 바퀴를 통해 수학일기를 어떻게 써야 하는지 알아보기로 해요. 먼저 간단하게 정리해 볼까요?

수학적 경험	▶	생각 나누기 (의사소통)	▶	글쓰기(수학일기)
☐ 학교 수학		☐ 혼자 생각하기		☐ 글로 쓰기
☐ 생활 속의 수학		☐ 짝이나 친구		☐ 그림일기
☐ 수학 체험		☐ 부모님, 선생님 등		☐ 수학동화(수학 만화)
☐ 수학 독서		☐ SNS로 나누기		☐ 수학 편지
☐ 수학적 상상		☐ 이메일로 나누기		☐ 표와 그래프

 **수학적 경험**

우선, 수학일기는 무엇을 쓸지, 어떤 내용을 쓸지 '소재'가 있어야 합니다.

여러분이 수학을 직접 경험해 보아야 글로 나타낼 수 있어요. 그렇다면 우리는 어디에서 수학을 찾을 수 있을까요?

먼저 학교 수학 시간에 더 많은 수학을 찾아볼 수 있어요. 수 단위 세기, 나눗셈하는 방법 알기, 도형의 개념 알기 등을 공부하면서 여러 가지 수학 개념을 경험합니다.

수학은 수업 시간에만 찾을 수 있을까요? 학교에서 수학 시간뿐 아니라 생활에서도 다양한 수학을 찾을 수 있어요.

여러분이 친구와 놀기로 계획할 때를 보세요.

학습, 공부, 생활, 수학 독서 등

– 몇 시에 만날지(시간)?

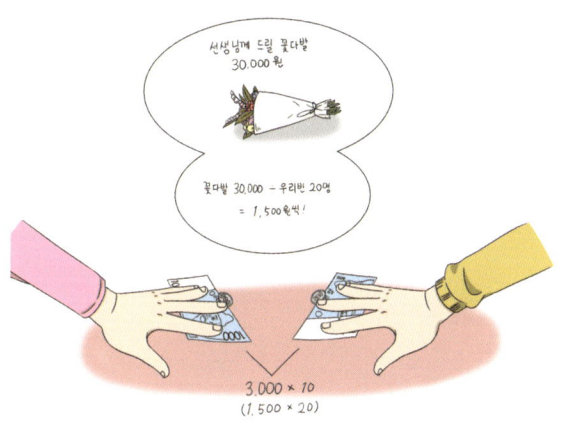
– 친구와 용돈을 얼마씩 쓸지(계산하기)?

– 몇 명과 놀지(수 세기)?

– 이번 주 날씨를 보며 내일 날씨는 어떨지(추론과 예상)?

— 한 사람당 얼마씩 내야 하는지(나눗셈) 등.

생활 속에서 우리는 이토록 많은 수학을 경험하고 있답니다.

간단한 상황이지만 이제 자신이 경험하고 겪은 일에서 수학을 발견하기만 하면 되겠죠. 수학 뮤지컬·수학 체험전·어린이 수학 잡지·수학 도서 등 우리는 수학과 관련 있는 내용을 주변에서 항상 경험할 수 있답니다.

 **생각 나누기**

> 수학적
> 의사소통·경험
> 나누기·매체·
> 인터넷·SNS·
> 말하기 등

언제 어디서나 여러분 주변에서 수학을 찾을 수 있다는 사실을 잘 알았지요? 여러분은 무엇을 경험하면 어떻게 하나요? 나만 알고 혼자만의 추억으로 남겨 두나요? 친구들은 대부분 스스로 경험한 것을 다른 사람과 이야기하기를 좋아하지요. 이것을 우리는 경험을 나눈다고 해요. 함께 이야기하며 친구들의 생각과 내용을 글에 담고, 나눈 생각이 다른 사람에게 영향을 주기도 합니다. 이렇게 하면 생각의 넓이와 깊이가 커지고, 친구들과 도움을 주고받으면서 함께 수학적 경험과 글쓰기 힘이 자란답니다.

여러분이 아는 것, 경험한 것을 이야기해 보세요. 혼자 생각하면서 스스로 질문하고 답할 수 있지만 짝이나 친구와 생각을 나눌 수도 있습니다. 부모님이나 선생님과 같은 어른들도 좋습니다. 나보다 경험을 많이 한 사람들과 생각을 나누면 생각하지 못한 사실을 알 수 있어요. 궁금한 것이 있다면 인터넷이나 책에서 찾아보기도 좋은 방법이에요. 생각 나누기는 다른 사람과 함께 대화하며 말하기뿐만이 아니라, 여러분이 자료를 찾으며 스스로 생각하는 것도 포함합니다. 그럼 어떻게 하면 이런 생각을 나눌 수 있을지 자세히 알아볼까요?

첫째. 친구와 수학으로 의사소통하기

처음 수학일기를 쓸 때 친구들은 무엇을 어떻게 써야 할지 막막해합니다. 제목은 어떻게 정하고 주제는 무엇으로 해야 할지 머릿속이 아주 복잡해요.

무슨 일이든 처음 시작할 때 너무 욕심을 부리거나 목표를 높게 잡으면 처음부터 지쳐서 꾸준히 하기 힘들어요.

선생님이 수학일기를 처음 시작할 때 세운 조그만 목표는 하루에 한 가지라도 내 생활에서 경험한 수학을 수학적인 질문으로 나타내 보기였어요. 이처럼 내가 만든 질문에 답을 짧게 기록해 보면 어떨까요?

- 나는 10분 동안 줄넘기를 몇 개 할 수 있을까?
- 집에서 학교까지 거리는 얼마일까? 제일 빨리 갈 수 있는 길은?
- 피자가 12조각 있는데 친구가 3명이면 몇 조각씩 먹어야 하지?
- 재작년에 신은 신발은 크기가 작은데 얼마나 더 큰 신발을 신어야 할까?

수학적인 질문으로 의사소통하면 나 혼자만 생각하기보다 같이 고민해서 서로의 생각을 비교해 보는 과정에서 많이 배울 수 있답니다. 친구들은 어떻게 고민했는지 그 과정을 살펴볼까요?

분모가 다른 분수의 크기를 비교할 때에는 보통 분모를 같게 통분을 하여 비교하잖아. 근데 꼭 통분해야만 비교할 수 있어?
통분 이외의 다른 방법으로 비교할 수는 없을까?
아래의 두 문제를 통분 이외의 다른 방법을 사용하여 한 번 비교해 볼래?

(1) $\frac{8}{9}$ 과 $\frac{12}{13}$ 중 어느 것이 더 클까?

(2) $\frac{2}{7}$ 와 $\frac{3}{8}$ 중 어느 것이 더 클까?

유민이의 방법

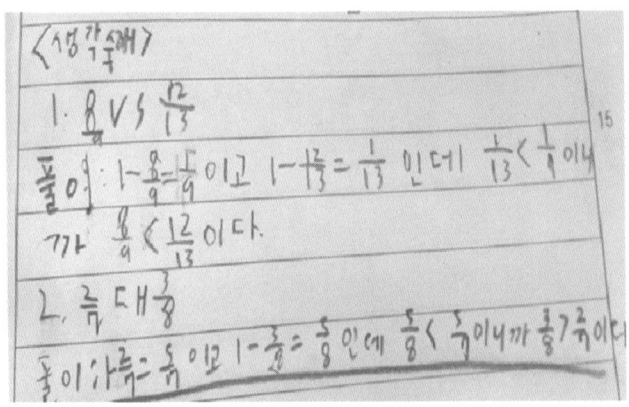

유민이가 해결한 방법을 설명할게요!

(1) $\frac{8}{9}$ 과 $\frac{12}{13}$ 중 어느 것이 더 클까?

$\frac{8}{9}$ 은 1보다 $\frac{1}{9}$ 작고, $\frac{12}{13}$ 는 1보다 $\frac{1}{13}$ 작습니다.

$\frac{1}{13}$ 보다 $\frac{1}{9}$ 이 더 큰 조각이기 때문에, $\frac{1}{9} > \frac{1}{13}$

그래서 $\frac{8}{9}$ 은 $\frac{12}{13}$ 보다 잃은 것이 많습니다.

따라서 $\frac{8}{9} < \frac{12}{13}$ 입니다.

(2) $\frac{2}{7}$ 와 $\frac{3}{8}$ 중 어느 것이 더 클까?

$1-\frac{2}{7}=\frac{5}{7}$ 이고, $1-\frac{3}{8}=\frac{5}{8}$ 입니다.

분자가 5로 같을 경우 분모가 클수록 더 작기 때문에 $\frac{5}{7} > \frac{5}{8}$ 입니다.

그래서 $\frac{2}{7}$ 는 $\frac{3}{8}$ 보다 잃은 것이 많습니다.

따라서 $\frac{2}{7} < \frac{3}{8}$ 입니다.

지민이의 방법

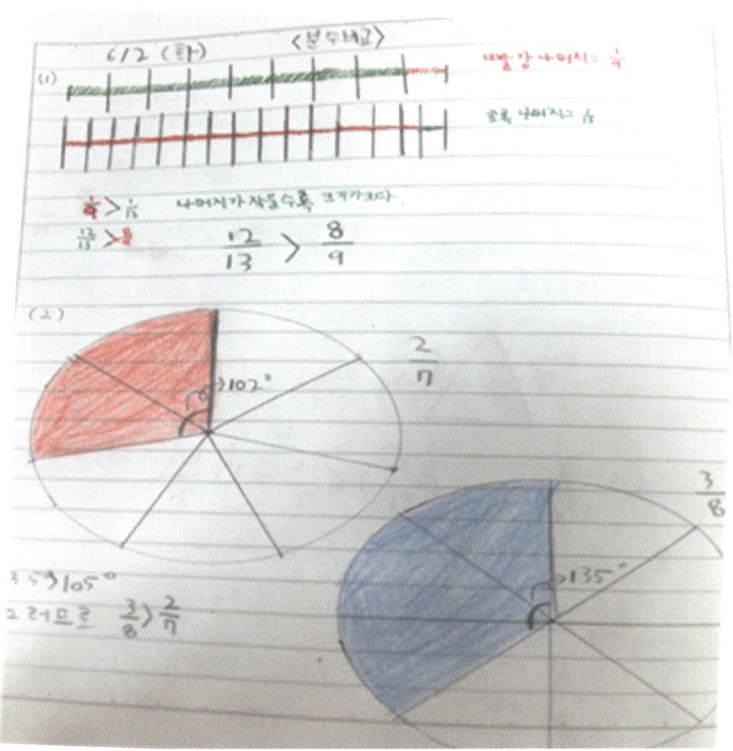

지민이는 두 문제를 모두 그림으로 해결하였습니다. 그 방법을 자세히 들여다 볼까요?

(1) $\frac{8}{9}$ 과 $\frac{12}{13}$ 중 어느 것이 더 클까?

그림에서 전체를 1이라 할 때 $1-\frac{8}{9}=\frac{1}{9}$ 이고, $1-\frac{12}{13}=\frac{1}{13}$ 입니다.

$\frac{1}{13}$ 보다 $\frac{1}{9}$ 이 더 큰 조각이기 때문에, $\frac{1}{9} > \frac{1}{13}$

나머지가 작을수록 비교하는 양은 크므로 $\frac{8}{9} < \frac{12}{13}$ 입니다.

(2) $\frac{2}{7}$ 와 $\frac{3}{8}$ 중 어느 것이 더 클까?

원 전체를 7등분 하면 한 부분의 중심각은 360°÷7 = 약 51°이므로 $\frac{2}{7}$ 의 중심각은 51×2=102°이고,

원 전체를 8등분하면 한 부분의 중심각은 360°÷8 = 45°이므로 $\frac{3}{8}$ 의 중심각은 45×3=135°입니다.

따라서 $\frac{2}{7} < \frac{3}{8}$ 입니다.

이처럼 같은 질문이라도 친구들마다 해결 방법이 다를 수 있습니다.
수학일기를 통해 서로의 생각을 나누면서 수학을 더 재미있고 다양하게 공부할 수 있어요.

둘째. SNS로 수학적 의사소통하기

수학일기를 꼭 종이에 연필로만 써야 할까요? 옛날에는 친구와 의견을 나눌 때에는 직접 만나거나 종이에 편지를 써야 했어요. 하지만 요즘에는 다양한 방법으로 친구 또는 관심 분야가 같은 사람들과 서로 의견을 나눌 수 있지요. 자, 요즘 여러분이 친구와 많은 대화를 나누는 수단이 무엇인지 생각해 보세요. 아마 SNS를 이용하여 친구와 의견을 나누는 경우가 많을 거예요. 다음처럼 SNS를 통해 친구와 수학 이야기를 나누어 보면 어떨까요?

진우 : 얘들아, 우리 심심한데 재미있는 수학 수다 한번 떨어 볼까?

민서 : 수학 수다!! 땡기는데ㅎㅎ

승완 : 나도 좋아!

진우 : 지난번에 퇴촌 야영장으로 우리 반 한마음 캠프 갔던 거 기억해?

민호 : 당근, 기억하지! 그때 너 텐트 줄을 뱀인 줄 알고 놀라서 도망갔잖아ㅋ

진우 : 아픈 기억은 멀리 보내 버려ㅋ
캠프에서 10개의 텐트를 한 줄로 나란히 쳤었지.

첫 번째 텐트를 만들고 나서 튼튼하게 고정하기 위해 텐트 주변 4군데에 못을 박고 줄로 고정하였지. 그런 후 두 번째 텐트를 만들고 나서 처음 텐트를 만들 때 박은 못에서 2개를 같이 쓰기로 했지? 아래 그림처럼 말이야.

그럼 텐트 10개를 치는데 못을 모두 몇 개를 박아야 할까?

진우 : 여기에서 못을 4개 박는 텐트와 못을 2개 박는 텐트 구분이 중요해!

민서 : 텐트 10개에서 맨 처음 한 개를 제외한 다른 것은 못을 2개씩만 박으면 되니까 이렇게 식으로 나타낼 수 있어.

$$(10-1) \times 2 + 4 \times 1$$
$$= 9 \times 2 + 4 \times 1$$
$$= 18 + 4$$
$$= 22$$

→ $\underline{(10-1) \times 2} + \underline{4 \times 1}$

↘ 못을 4개 박아야 하는 텐트 수
↘ 못을 2개씩만 박으면 되는 텐트 수

모두 더하면 되겠지?

민규 : 나도 민서와 같은 생각인데 식은 다음처럼 썼어.

$$2 \times 9 = 18$$
$$18 + 4 = 22$$

필요한 못의 개수 × 못을 2개만 박으면 되는 텐트 수 거기에 못을 4개 박는 텐트까지 모두 더하면 되겠지?

수민 : 텐트 10개에 모두 4개씩 못을 박아야 하면 모두 40개의 못이 필요해. 그런데 그중 9개 텐트는 2개씩 18개가 겹치니까 40-18=22(개)의 못이 필요하지.

승완 : 난 그림을 그려 보았어.

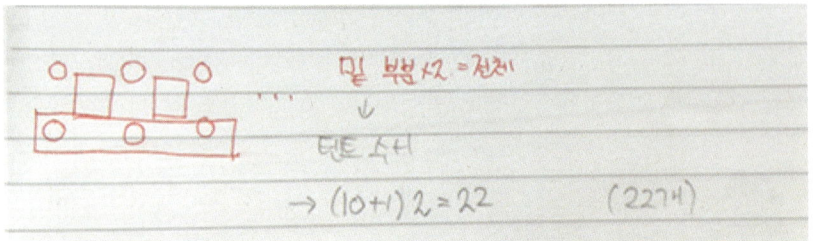

텐트에 박은 못의 수를 위, 아래층으로 보면 위층에 박은 못의 개수는 (10+1)개, 아래층에 박은 못의 개수는 (10+1)개로 모두 (10+1)×2=22(개)가 필요해.

 진우 : 와, 너네들 넘 대단하다.

 민서 : 간단한 문제인데 이렇게 다양한 해결 방법이 나오다니 신기한데?

 수민 : 재미난 수학 수다!! 담에는 내가 문제를 내야겠다ㅋ

 승완 : 언제든 환영이야!!

※ 친구들과 SNS로 수학 수다 떨 때?

1. 재미난 수학 문제를 골라 봐!
    - 학년별 문제 고르기 : 4학년 문제를 풀까? 3학년 풀제를 풀까?
    - 난이도별 문제 고르기 : 쉬운 걸로 스피드 퀴즈 할까?
      어려운 걸로 오래 이야기할까?
    - 영역별 문제 고르기 : 도형에서 고를까? 측정에서 고를까?
      아니면 연산에서 고를까?

2. 몇 명이 이 문제를 풀 거야?
    - 3명? 5명? 몇 명이 이야기하면 더 재미날까?

3. 선생님도 초대할까?
    - 선생님께 문제를 내달라고 할까?
    - 선생님도 오셔서 막히면 힌트를 달라고 하자!
    - 잘한 친구는 작은 상품도 달라고 하자!

수학 글쓰기

생활 속에서 수학을 찾고 여러분의 생각을 이야기하면, 이제 무엇을 수학일기로 쓸지 정합니다. 아무리 많이 경험하고, 이야기를 나누어 생각이 많아져도 모든 내용을 일기에 담을 수는 없어요. 우리는 일기를 쓸 때 하루 동안 보낸 모든 일과 그때의 생각을 일기에 다 쓰지는 않아요. 쓰고 싶고 기억하고 싶은 것만 일기에 씁니다.

수학일기도 마찬가지예요. 여러분이 경험하고, 생각한 것 중에서 특히 중요하다고 생각하는 것을 수학적 소재를 나타내 보세요. 여기에 생각과 느낌까지 나타내면 됩니다.

그림, 동화, 말하기, 읽기 등

수학일기는 정해진 틀이 없습니다. 여러분이 경험한 수학을 생각과 느낌으로 쓰면 수학일기가 되는 거예요. 반드시 무엇을 해야 한다는 규칙은 없습니다. 앞에서도 살펴봤지만 반드시 글로 나타낼 필요는 없어요. 그림이나 만화로 나타낼 수도 있습니다. 수학 동화로 이야기를 만들어 볼 수도 있어요. 표현하는 방식도 여러 가지로 나타낼 수 있습니다. '~했다'처럼 쓸 수도 있고, 친구에게 말하듯이 쓸 수도 있어요. 만화로 나타낸다면 말주머니에 나타내기도 하겠죠?

친구들의 다양한 수학 글쓰기를 살펴볼까요?

2016년 2월 11일 목요일 날씨 화창
제목: 사행시

수 : 수학은 대
학 : 학문을 위해
일 : 일상에서
기 : 를 쓰며 하는 과목이다

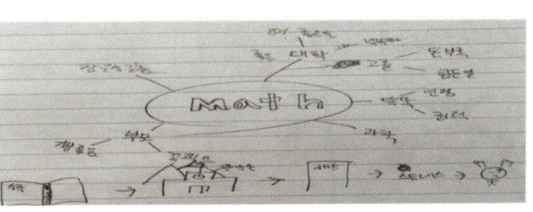

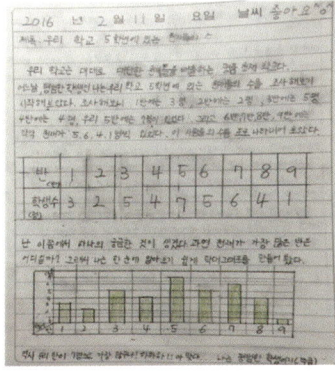

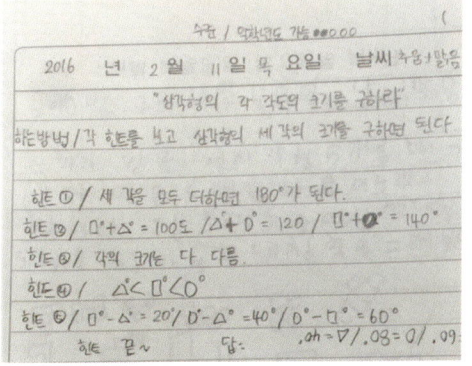

매미의 살아남는 법

2010년 ○○월 ○○일 ○요일 날씨 비가 주룩주룩

최소공배수와 최대공약수는 정말 헷갈린다. 근데 선생님께서 '매미의 살아남는 법'이라는 재미있는 영상을 보여 주셨다. 처음에는 최소공배수와 매미가 무슨 관련이 있을까? 했는데 정말 놀라운 생존의 법칙이 숨어 있었다.

원래 매미는 1~10년 동안 땅 속에서 애벌레 시절을 보내다 허물을 벗고 성충이 되면 최대 15일 정도 사는데 그동안 새나 뱀 등의 천적들과 만나면 잡아먹힐 확률이 높다. 그래서 매미들은 천적도 피하고 같은 매미들끼리 먹이 경쟁도 피하기 위해 태어나는 주기를 조절하였는데 주로 번식 주기가 5, 7, 13, 17로 소수이고, 이 소수들은 최소공배수가 크다는 공통점이 있다. 즉, 매미들은 다른 수와 공배수를 적게 하기 위해 번식 주기를 조절한 것이다.

소수

1과 자신만으로 나누어 떨어지는 수! 2, 3, 5, 7, 11, 13 등이 소수랍니다.

3년 주기 매미와 2년 주기 천적!

매미			천적	
	−	1	1	−
	−	2	2	●
매미 탄생!	★	3	3	−
	−	4	4	●
	−	5	5	−
매미 탄생!	★	6	6	●
	−	7	7	−
	−	8	8	●
매미 탄생!	★	9	9	−
	−	10	10	●
	−	11	11	−
매미 탄생!	★	12	12	●

히히! 피했지롱! (3)
으악! 만나 버렸어! (6)
히히! 피했지롱! (9)
으악! 만나 버렸어! (12)

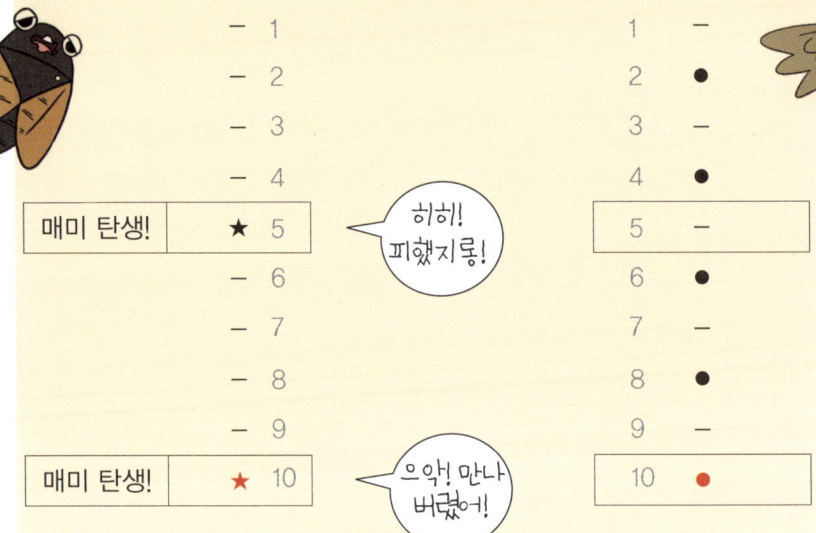

영상을 보고 매미가 살아남기 위해 번식 주기를 조절하는 것이 신기했고, 최소공배수를 이용하는 매미가 정말 영리한 것 같아 놀라웠다. 이렇게 동영상을 통해 수학을 배우니 머릿속에 더 쏙쏙 잘 들어오고 이해가 잘 되었다.

3. 수학일기에는 뭐가 뭐가 들어갈까요?

수학일기를 쓸 때 반드시 갖추어야 할 몇 가지 요소가 있어요.

날짜와 날씨

일기라고 하면 당연히 일기를 쓴 '날짜'와 '날씨'가 있어야겠지요. 수학일기에 일기를 쓴 날의 날짜와 날씨를 알아야 글쓴이의 당시 상황을 이해하는 데 도움이 되겠지요.

제목

일기에는 또 '제목'이 있어야 해요. 제목은 그날 쓴 일기 내용을 잘 나타내어야 해요. 글을 쓸 내용에 알맞은 제목을 정해야 일기의 중심 생각을 잘 유지할 수 있어요. 경우에 따라서 일기 쓰기를 마친 다음 제목을 정하기도 해요.

주제

'주제'는 글의 중심 생각을 말해요. 수학일기에서 주제는 일기에 담을 내용이 무엇인가예요. 학교에서 배운 덧셈이나 도형이 주제일 수도 있고, 오늘 마트에서 경험했던 일이 주제일 수도 있어요. 일기를 쓰는 동안 오늘 일기의 주제가 무엇인지 생각하며 일기를 써야 주제에 깊은 생각을 할 수 있어요. 그냥 체험한 수학을 나열해서 일기를 쓴다면 수학을 깊이 있게 고민할 수 없어요.

글쓴이의 생각

일기란 나의 하루를 돌아보는 것이고, 나 자신이 경험했던 일을 쓰는 것이에요. 수학일기 역시 오늘 경험하였거나 배운 수학에서 느낀 점과 생각이 잘 드러나야 해요. 다음 두 수학일기를 보고 어떤 차이점이 있는지 살펴보세요.

우리 아빠의 계산기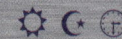

201○년 ○○월 ○○일 ○요일 날씨 해님 반짝

우리 아빠는 항상 계산기로 무언가를 계산한다. 아빠께서 계산기로 무엇을 하시나 살펴보면 여러 기호를 사용하여 계산을 하신다.

아빠의 계산기가 재미있고 신기해 보여서 계산기를 가지고 이 숫자, 저 숫자, 이 기호, 저 기호를 이것저것 눌러보았다.

재미있었다. 내일도 또 가지고 놀아야겠다.

우리 아빠의 계산기

2010년 ○○월 ○○일 ○요일 날씨 해님 반짝

우리 아빠는 항상 계산기로 무언가를 계산한다. 아빠께서 계산기로 무엇을 하시나 살펴보면 여러 기호를 사용하여 계산을 하신다. 아빠가 계산기로 일하시는 모습을 보고 있으면 아빠가 너무 멋있어 보이고 특별한 능력을 가진 사람처럼 느껴진다. 또 아빠의 계산기가 너무 재미있고 신기해 보여서 나는 아빠의 계산기를 가지고 노는 것을 좋아한다. 계산기를 가지고 이 숫자, 저 숫자, 이 기호, 저 기호를 이것저것 눌러보다가 신기한 규칙을 발견하였다.

내가 발견한 규칙
1. 계산기를 보면 대각선으로 더해 주면 둘 다 15가 나온다.
2. 7+4+1=12, 8+5+2=15, 9+6+3=18,
   12, 15, 18 모두 3씩 늘어난다.

지금까지 두 가지 규칙만 발견했지만 더 탐구하여 이것보다 더 많은 규칙을 발견하고 싶다.

살펴봤지만 두 수학일기에는 분명한 차이점이 있지요?
어떤 수학일기가 더 의미 있게 느껴지나요. 생생한 자신의 느낌과 생각이 살아 있는 수학일기를 써야 하는 이유를 이 두 일기를 보면 분명하게 알 수 있어요.

우리끼리 수학 놀이터 하나

영화 속 수학 이야기

영화와 수학은 어떤 관계가 있을까요?

애플의 스마트폰으로 유명한 스티브 잡스도 한때, 애니메이션 영화를 만드는 회사 사장이었어요. 그는 수학을 이용하면 그림 하나로 다양한 동작을 표현할 수 있다는 것을 알았어요. 그래서 애니메이션 제작을 위해 많은 수학자를 영입하였답니다. 이렇게 해서 탄생한 애니메이션이 〈토이 스토리Toy Story〉입니다. 대체 어떻게 〈토이 스토리〉에 수학이 숨어 있느냐고요?

이전까지는 캐릭터를 크기마다 하나하나 새롭게 그려 애니메이션을 만들었답니다. 기술이 발달하지 않아 같은 그림이어도 작은 모습을 그대로 키우면 선이 끊어지거나 울퉁불퉁하게 보였거든요.

수학자들은 번거롭게 새로운 동작을 가진 그림을 하나하나 그리는 대신 컴퓨터 그래픽CG을 이용했습니다. 바로 이 컴퓨터 그래픽이 '수학'을 바탕으로 한 것인데요. 같은 그림 하나를 마음대로 크기를 줄이거나 키우는 기술을 발견한 거예요.

수학자들은 먼저 기하학을 이용해 그림을 수식으로 바꾸었어요. 그다음 물리학자 뉴턴이 개발한 변화량을 예측하는 미분微分 공식을 썼지요. 그래서 그림을 수식으로 바꾸어 미분하면 캐릭터나 배경 크기를 마음대로 줄이거나 늘여도 끊어진 선이 어떻게 이어질지 예측할 수 있었어요. 그 덕분에 깨끗한 그림으로 애니메이션을 만들 수 있었지요. 물론 제작 기간이나 제작비도 줄이면서 지금 우리가 보는 애니메이션을 계속 만들었어요.

이처럼 수학은 영화를 만드는 '기술'뿐만 아니라 영화의 '소재'로도 많이 쓰입니다. 영화 속 수학 이야기를 보며, 수학이 얼마나 우리와 가까운지 체험해 보길 바랍니다.

우리끼리 수학 놀이터 둘

숫자 9의 신비

1. 숫자 9에는 아주 신비로운 비밀이 있어요.
   바로 유명한 사람들이 태어난 날이나 사망한 날에는 모두 숫자 9가 숨어 있다는 것이지요.

2. 수학자 가우스는 1777년 4월 30일에 태어났어요. 생일의 숫자를 한 줄로 나타내면 1777430 입니다. 이 생일의 숫자들 순서를 아무렇게나 바꾸어, 다른 수를 만들어요. 이를테면 7734071과 같은 숫자를 만들었다고 해요. 그런 다음 큰 수에서 작은 수를 뺍니다.

$$7734071 - 1777430 = 5956641$$

   여기까지는 그냥 평범할 수도 있어요.

3. 자, 이제 뺄셈하여 나온 수의 각 숫자를 더해 보세요.

$$5+9+5+6+6+4+1=36$$

   또, 36을 3과 6으로 나누어 더하면 어떻게 될까요?
   짜잔, 3+6=9가 됩니다.

4. 여러분이 태어난 날을 가지고 한번 도전해 보세요.
   미래에 여러분도 유명한 사람이 될 것이라면, 그 결과도 9가 될 것입니다.

3장

수학일기, 한번 써 볼까요?

이제 수학일기가 무엇인지 잘 알았고
수학일기 쓰기에도 어느 정도 자신감이 생겼을 거예요.
이제 살펴본 내용을 통해 수학일기를 써 보기로 해요.
앞에서 수학일기 종류에는 무엇이 있고, 어떻게 쓰는지
잘 살펴보았기 때문에 어렵지 않게 쓸 수 있을 거예요.
이번 장에서 수학 영역과 주제별로 다양한 수학일기를 실제로 써 보겠어요.

1. 수학일기 세 바퀴, 정리하기

수학일기 세 바퀴에서 이미 강조했지만 수학일기를 쓸 때 꼭 생각해야 할 점들을 다시 한 번 정리할게요!

수학적 경험 ▶	생각 나누기(의사소통) ▶	글쓰기(수학일기)
☐ 학교 수학	☐ 혼자 생각하기	☐ 글로 쓰기
☐ 생활 속의 수학	☐ 짝이나 친구	☐ 그림일기
☐ 수학 체험	☐ 부모님, 선생님 등	☐ 수학동화(수학 만화)
☐ 수학 독서	☐ SNS로 나누기	☐ 수학 편지
☐ 수학적 상상	☐ 이메일로 나누기	☐ 표와 그래프

**첫째,
겪은 수학적
경험을 글로!**

아무리 멋진 수학일기라도 여러분이 경험한 일이 아니면, 내 일기가 될 수 없어요. 수학 시간에 공부한 내용, 생활에서 겪은 일, 독서나 잡지에서 읽은 내용, 수학 체험전과 같은 행사에 참여했던 일 등 생활 속에서 한 모든 일이 나만의 수학적 경험일 수 있어요. 이처럼 평소 겪는 수많은 일에서 발견한 수학적 내용은 대단히 중요해요. 꾸준한 수학일기 쓰기를 통해 수학을 발견하는 힘을 기를 수 있어요.

 수학적 경험의 좋은 보기

- 우리 가족 4명이 피자 2판(1판에 8조각)을 공평하게 먹으려면 몇 조각씩 먹어야 하지?
- 어제 산 동화책 192쪽을 2주 동안 다 읽으려면 하루에 몇 쪽씩 읽어야 할까?
- 우리나라 한강에 있는 여러 다리에서는 한붓그리기가 될까?

둘째, 끼리끼리 생각 나누기!

　많은 수학적 경험을 했다고 해도 나타내지 않으면 곧 잊어버리거나 의미 없는 경험이 되어 버려요. 배운 수학 내용을 두고 여러분이 생각을 나눌 때, 친구·선생님·부모님과 함께 혼잣말하기, 글쓰기 등 다양한 방법으로 할 수 있어요. 이러한 활동은 알고 있는 수학 지식이나 개념을 서로 연결하여 오래 기억하고 그 내용을 충분히 이해할 수 있지요.

 끼리끼리 생각 나누기의 좋은 보기

- 선생님이랑 우리끼리 카톡 스피드 수학 퀴즈
- 친구들과 함께 견학한 수학 체험전 단톡방!
- 친구와 참가한 창의적 수학 토론 대회

셋째, 되도록 간단하고 논리적으로 쓰기!

　수학일기가 보통 일기와 다른 점은 '수학'이 주제라는 거예요. 수학 내용이 간결하게 잘 드러나도록 경험한 수학을 분명하게 나타내야 해요. 그래야 수학일기를 쓰는 목적이 확실해지기 때문이지요.

　지금부터 다양한 수학일기 과제를 해 보면서 수학을 경험하고, 친구들이 쓴 수학일기도 함께 살펴볼 거예요. 여러분도 이번 장을 보면서 직접 일기를 써 보고, 친구들의 일기 경험을 보다 보면 멋진 나만의 수학일기를 쓸 수 있을 거예요.

2 미션! 수학일기 쓰기

온 가족이 함께 만드는 카레라이스

○ 오늘의 과제!

어린이들이 좋아하고, 만들기도 간편한 음식, 카레라이스! 카레라이스를 만드는 데 필요한 재료나 조리 방법은 인터넷에서 쉽게 찾아볼 수 있어요. 마트에서 판매하는 카레라이스 봉지 뒤에도 재료와 조리 방법이 자세히 적혀 있지요. 가족과 함께 카레라이스를 만들어 보고, 내가 경험한 수학을 수학일기로 써 보세요.

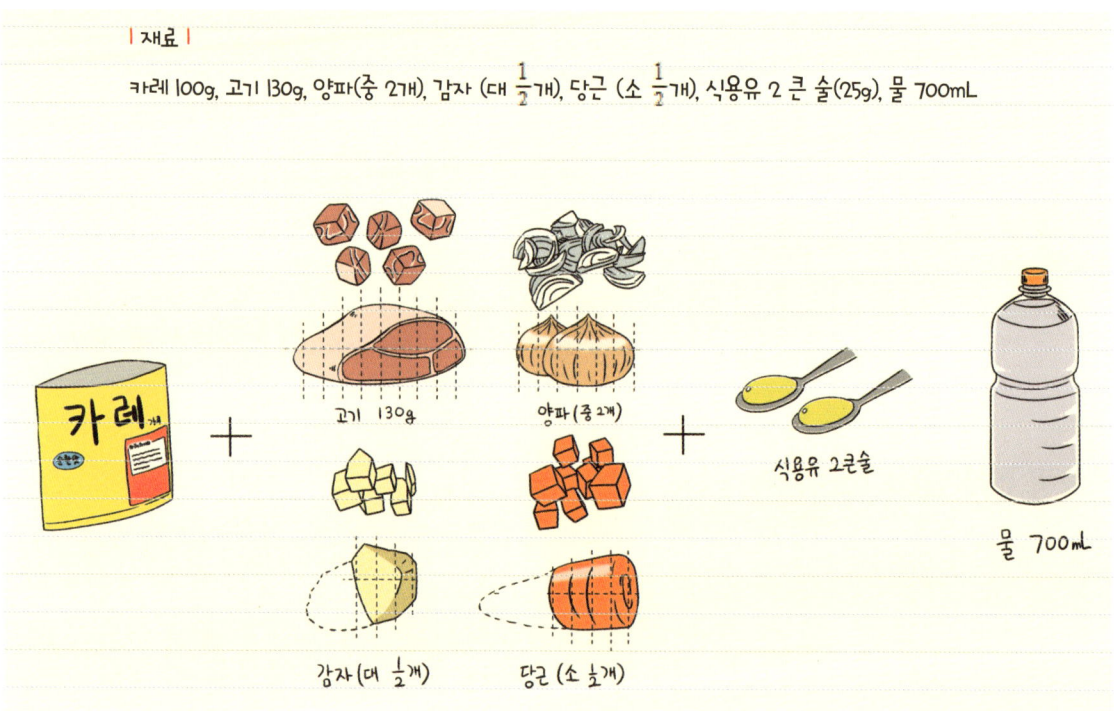

| 재료 |
카레 100g, 고기 130g, 양파(중 2개), 감자 (대 $\frac{1}{2}$개), 당근 (소 $\frac{1}{2}$개), 식용유 2 큰 술(25g), 물 700mL

○ 카레라이스에는 어떤 수학이 있을까?

카레라이스 만든 일을 일기로 쓰려면 먼저 여러분이 직접 카레라이스를 만들어야겠지요? 우선 재료부터 준비해야겠네요. 재료를 준비하면 조리 방법에 따라 만들어야 해요. 이번 과제에 수학이 왜 필요하냐고 하겠지만, 카레라이스를 만들 때도 다양한 수학이 필요하답니다. 실제로 그런지 한번 살펴볼까요?

카레라이스에 숨은 수학을 찾아라!

1. 마트에서 카레라이스에 필요한 재료를 구입해야 해!

어떤 재료들을 살까?

2. 카레·고기·채소(양파, 감자 등) 가격을 비교하고, 어떻게 사는 게 더 좋을지 생각해 봐!

묶음과 낱개로 파는 양파를 어떻게 사야 더 쌀까?

3. 꼭 사야 할 재료와 사지 않아도 될 재료는?

4. 프라이팬에 고기, 양파, 감자 등을 넣는 순서는 어떻게 정할까?

감자 → 당근 → 고기 → 양파

5. 카레라이스를 만들 때 필요한 수학은 어떤 것이 있는지 생각해 본다.

> **친구들, 잠깐!**
>
> 카레라이스 만들기에서 경험할 수 있는 수학은 아주 많아요. 1~2가지밖에 생각나지 않는다고 속상해할 필요는 없어요. 아직 생활에서 수학을 발견하는 연습이 부족한 거니까요. 조금만 노력하면 금방 좋아질 수 있어요.

○ 생각 나누기

드디어, 카레라이스를 완성했어요. 카레라이스를 만들며 여러 가지 수학 경험을 해 볼 수 있었지요? 간단한 덧셈이나 뺄셈을 해 보거나, 수나 양을 비교하기도 하고 시간을 측정했을 수도 있어요.

그런데 막상 수학일기를 쓰려니 어떻게 써야 할지 막막해진다고요?
이럴 땐 함께 요리한 엄마나 아빠와 이야기해도 좋겠지요.

"카레와 재료들 양 맞추기가 중요했으니까 이걸로 일기를 쓰면 어떨까?"
"카레 양이 늘어나면 다른 재료들 양도 함께 늘어야겠죠?"
"그렇지, 배수를 이용하면 쉽게 알 수 있겠는데."
"좋아요. 배수를 이용해서 카레 양과 재료 양을 비교하는 수학일기를 쓸 거예요."

여러 명이 같은 경험을 했더라도 수학일기 주제는 서로 다를 수 있어요. 카레라이스 만들기에서 선택할 수 있는 주제는 아주 많아요. 여러분이 학교에서 배운 수학으로 잘 설명할 수 있는 내용을 골라 쓸 수도 있고, 좀 더 궁금한 내용을 중심으로 쓸 수도 있겠지요.

카레라이스 수학

2010년 ○○월 ○○일 일요일 날씨 : 맑음

"카레라이스 먹고 싶어요."
TV를 보던 내가 무심히 내뱉은 말 한마디에 조용했던 집 안이 갑자기 바빠지기 시작했다.
"그래, 엄마도 할머니 댁 가시고 없는데, 우리 둘이 카레라이스 해 먹을까?"
아빠도 내 말에 흔쾌히 동의해 주셨다.
문제는 지금부터다. 아빠도 나도 카레라이스를 만들어 본 적이 없다는 것이다.
아빠는 별문제 아니라는 듯 일단 마트에 가자고 하셨다. 마트에서 카레 가루가 담긴 포장지를 살펴보니 재료들이 적혀 있었다. 바로 이거다 생각하고 적힌 대로 재료를 준비했다. 고기 130g 샀는데, 양파부터 문제가 생겼다. 저울도 없는데 양파 270g을 어떻게 사지?
아빠는 중간 크기의 양파 2개면 된다고 하셨다. 감자와 당근은 $\frac{1}{2}$개씩 살 수가 없어 1개씩 사야 했다.
장보기를 마치고 본격적으로 요리가 시작되었다. 재료는 4인분인데, 아빠랑 단둘이니 2인분만 요리하자고 내가 말했고, 아빠는 그러자고 하셨다.
이게 문제가 된 듯하다. 재료들은 모두 $\frac{1}{2}$씩 양을 줄여야 한다. 저울을 준비하고 이제 본격적으로 계산에 들어갔다. 카레는 100÷2=50g, 고기는 130÷2=65g, 감자는 100÷2=50g, …… 이렇게 재료의 양을 계산하다 보니 수학 문제를 푸는 듯했다.
카레를 조리하는 데에도 시간을 정확히 재야 했다. 재료를 너무 오래 익히거나 덜 익히면 아무래도 맛이 없을 것 같았기 때문이다.
드디어 카레가 완성되고, 맛있게 먹고 있는데, 아무래도 카레 양이 부족해 보였다. 남아 있는 재료를 보며 나머지 2인분도 같이 할 걸 하는 생각을 해 보았다.

내가 쓴 수학일기

월　　　　일　　　　요일

제목

무엇을 배웠니?	무엇을 더 공부할 거니?

나도 수학자! 새로운 덧셈법을 발명하다.

○ 오늘의 과제!

덧셈이나 뺄셈할 때 가로 방향으로 푸는 가로 셈과 세로 방향으로 푸는 세로 셈이 있어요. 받아 올림이 있는 덧셈이나 받아 내림이 있는 뺄셈의 경우 가로 셈보다 세로 셈이 편리할 때가 많지요.

여러분이 받아 올림 내용에서 (두 자리 수)+(두 자리 수)의 세로 셈법을 처음 발명한 수학자라고 상상해 보세요. 그날 기사에 실린 여러분의 모습을 떠 올리며 신문 기사처럼 써 보세요.

○ 받아 올림, 내림, 가로세로 셈법에는 어떤 수학이 있을까?

"25+13을 계산해 보세요!"

선생님의 말씀에 이미 알고 있는 방법인 가로 셈으로 풀었다.

$$25 + 13 = 38$$

"이번엔 17+28을 계산해 보세요!"

새로운 문제에 잠시 멈칫했지만 10+20=30, 7+8=15임을 이용하여 17+28=30+15=45라는 답을 낼 수 있었다.

〈일반 세로 셈〉

$$\begin{array}{r} 17 \\ +28 \\ \hline 5 \end{array} \rightarrow \begin{array}{r} 1 \\ 17 \\ +28 \\ \hline 45 \end{array}$$

선생님께서는 가로 셈을 세로 셈으로 고쳐 푸는 방법을 말씀해 주셨고, 세로 셈은 가로 셈보다 훨씬 쉽다는 것을 알았다. 내가 수학자라면 덧셈을 세로로 푸는 방법쯤은 쉽게 발명해 냈을 텐데, 하는 아쉬움이 든다.

학교에서 배우는 수학도 당연히 '수학 경험'입니다. 오늘 배운 수학을 어떻게 일기로 나타낼지 고민해 보고, 한 가지 주제를 정해 수학일기를 써 봅시다.

받아 올림, 내림, 가로세로 셈법에 숨은 수학을 찾아라!

1. 덧셈을 가로 셈으로 푸는 방법에는 어떤 것들이 있을까?

2. 덧셈을 세로 셈으로 풀면 어떤 점이 편리할까?

3. 덧셈을 세로 셈으로 푸는 방법에는 어떤 것들이 있을까?

4. 내가 세로 셈을 발명한 수학자라면 어떨지 생각해 볼까?
발명 당시 소감을 일기나 기사로 써 보는 것도 좋겠어!

친구들, 잠깐!

> 친구와 의견을 나누다 보면 생각지도 못했던 아이디어가 떠오르기도 합니다. 덧셈을 푸는 새로운 발명을 한 수학자의 기사를 써 보는 건 특별한 경험입니다. 기사에 어떤 내용을 실을지 친구랑 의견을 나누어 보거나 가상으로 인터뷰해 보는 것도 좋은 방법일 수 있습니다.

기자 : 안녕하세요, 박사님. 어제, 새로운 덧셈법을 발표하셨는데요. 어떤 내용인지 설명해 주시기 바랍니다.

수학자 : 네, 제가 발명한 덧셈은 기존 가로 방식에서 벗어나 생각을 바꾼 것이지요. 덧셈 방법을 가로에서 세로로 바꾸면 계산 과정이 눈에 잘 드러나 빠르고 실수도 거의 없어집니다.

기자 : 이번 박사님 발명으로 덧셈 계산이 획기적으로 빨라지리라 예상되는데요. 소감 한마디 부탁드립니다.

수학자 : 우리 생활을 편리하게 해 주는 수학 발명도 생각의 전환입니다. 기존 방식을 잘 탐구하고 새롭게 변화를 주면 여러분도 놀라운 발명을 할 수 있습니다. 제가 발명한 덧셈 방법이 우리 생활을 더욱 편리하게 해 준다면, 수학자로서 큰 영광이겠습니다. 감사합니다.

수학자의 가상 인터뷰에서 살펴보았듯이 평소 당연하게 여기는 수학도 누군가가 만들었답니다. 수학이 어떤 과정을 거쳐 만들어졌는지 상상해 보며, 당시 수학자가 되어 보는 것도 생각을 나누는 좋은 방법입니다.

세로 셈이 우리의 삶을 바꾸다

어제 새로운 덧셈 방법이 발표되었는데요.

기존의 덧셈 방법을 세로 방식으로 바꾼 것이라고 합니다. 이번 연구는 김일기 박사가 이루어 냈는데요. 복잡한 덧셈으로 고민하는 많은 사람에게 큰 도움이 될 것입니다.

$$\begin{array}{r} 1\,7 \\ +\,2\,8 \\ \hline 5 \end{array} \quad \rightarrow \quad \begin{array}{r} 1 \\ 1\,7 \\ +\,2\,8 \\ \hline 4\,5 \end{array}$$

김일기 박사는 지금까지 알려진 가로 방식 덧셈을 과감히 세로 방식으로 바꾸었다고 합니다. 이렇게 하면, 계산 과정에서 실수를 줄일 수 있고, 덧셈하는 시간도 획기적으로 줄어든다는군요.

이번 새로운 덧셈의 발명은 우리 생활뿐만 아니라 산업과 사회 전반에 큰 영향을 미칠 것으로 예상됩니다.

201○년 ○○월 ○○일 ○○○ 기자

내가 쓴 수학일기

월   일   요일

제목

무엇을 배웠니?

무엇을 더 공부할 거니?

음료수에 이렇게 많은 설탕이!

○ 오늘의 과제!

시중에서 판매하는 음식과 음료수에는 많은 설탕이 들어 있어 어린이 건강을 위협한다는 뉴스가 보도되었습니다. 설탕을 지나치게 많이 먹으면 당뇨나 성인병과 같은 병을 일으키지요. 특히 비만으로 이어질 수 있어 더 주의가 필요합니다.

다음은 우리가 먹는 음식의 설탕 양을 나타낸 거예요.

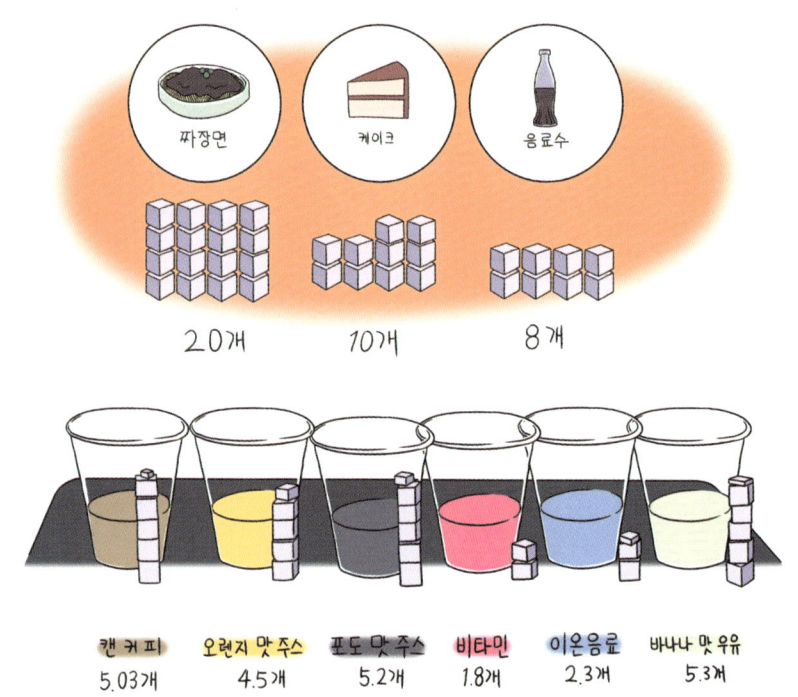

평소 어린이들이 즐겨 마시는 음료수에는 설탕이 어느 정도 들어 있는지 알아보고, 조사에서 안 사실과 느낀 점을 수학일기로 써 보세요.

○ 음료수에는 어떤 수학이 있을까?

우리가 평소 즐겨 마시던 음료수에 설탕이 이렇게 많이 들어 있다니 조금 걱정스럽군요. 그렇다면 실제 음료수에 들어 있는 설탕 양은 어느 정도인지 알아보고, 섭취를 줄이는 방법도 생각해 보기로 해요. 그리고 이번 과제에서 경험해 볼 수 있는 수학적 경험에는 무엇들이 있는지 알아볼까요?

음료수에 숨은 수학을 찾아라!

1. 음료수마다 설탕 양을 그래프로 나타내 볼까?

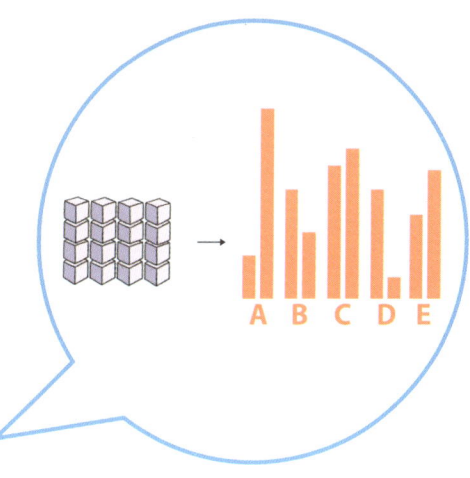

2. 음료수에 적힌 영양 성분을 살펴보고 설탕 양을 조사해 보자!

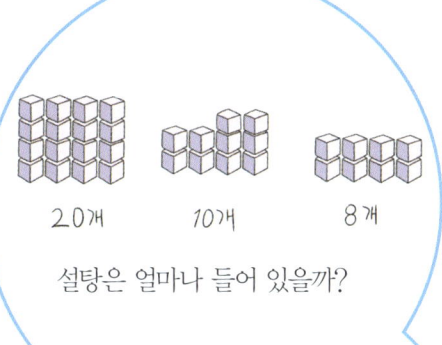

20개   10개   8개

설탕은 얼마나 들어 있을까?

3. 1인 권장 당류 섭취량을 보고, 섭취를 줄이려면 어떻게 해야 할지 생각해 볼까?

4. 음료수뿐만 아니라 우리가 즐겨 먹는 과자 속 설탕 양도 조사해 볼래!

〈음료수별 설탕 양을 표시한 그래프〉

    수학적 경험을 할 수 있는 방법이 몇 가지로 정해지는 것은 절대 아닙니다. 친구들과 머리를 맞대고 어떤 방법들이 좋을지 생각해 보면, 생각보다 아주 많은 수학적 경험을 찾아낼 수 있어요.

○ 생각 나누기

음료수를 살펴보고 설탕이 어느 정도 들어 있는지 조사해 보았어요. 설탕은 우리 몸에 꼭 필요한 당분을 보충해 줘요. 그렇다 보니 설탕이 우리 몸에 어떤 역할을 하고, 어느 정도 섭취해도 되는지 알아야겠지요?

식약처에서 밝힌 성인 1인당 설탕(당류)의 적정 섭취 기준은 '50g'이라고 해요. 초등학생이라면 30~40g 정도가 적당하겠지요.

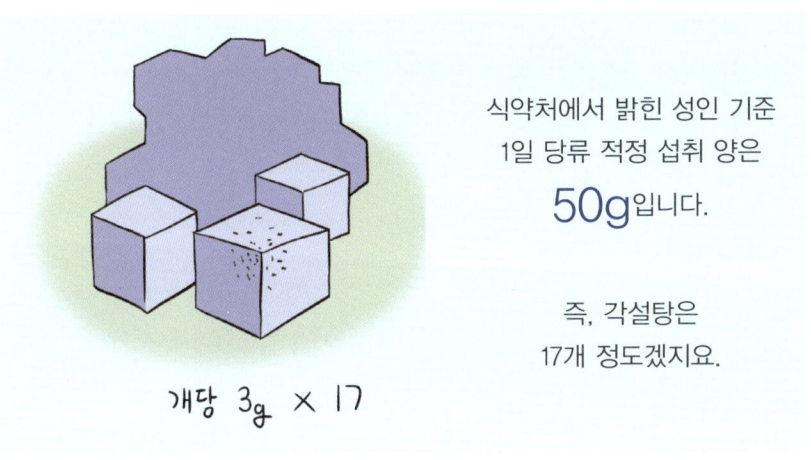

함께 조사한 친구들과 서로 이야기를 나누다 보면 다양한 질문과 새로운 아이디어를 찾아낼 수 있어요.

"설탕 섭취를 줄이려면 어떻게 해야 할까?"
"음료수에는 왜 많은 양의 설탕을 넣을까?"
"음료수 병이나 과자 봉지를 보고 설탕이 얼마 들어 있는지 어떻게 확인하지?"
"일주일간 매일 먹는 설탕을 그래프로 나타내 보면 어떨까?"

음료수가 위험해요

2010년 ○○월 ○○일 날씨 : 맑음

우리가 즐겨먹는 음료수에 아주 많은 양의 설탕이 들어 있다는 뉴스를 보았다. 설탕은 음료수의 단맛을 내기 위해 넣는다고 한다. 음료수에 든 설탕의 양을 조사하는 과정은 매우 흥미로웠다.

오렌지 주스 한 병은 350mL이고, 당(설탕) 36g이 들어 있다. 각설탕 한 개의 무게가 3g 정도니 음료수 한 병에 각설탕이 무려 12개나 들어 있는 것이다. 그럼 음료수 100g당 각설탕은 얼마나 있을까?

$$36 \div 3.5 = 10.29$$

들어 있는 당 ···· 한 병 ···· 100g당 들어 있는 설탕(10.29÷3=각설탕 3.4개)

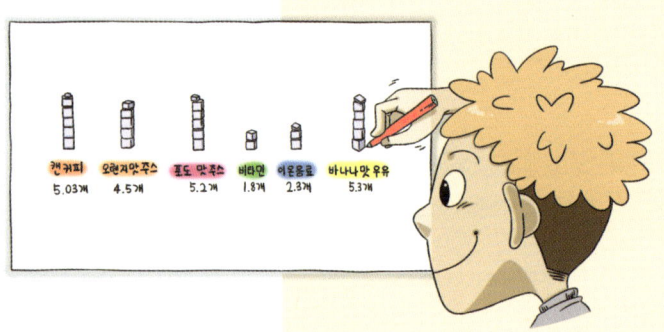

엄마는 사탕을 먹을 때에도 이가 썩는다며 못 먹게 하시는데, 내가 각설탕 12개를 한꺼번에 먹는다고 생각하신다면 아마 음료수도 못 먹게 하실 것 같다.

콜라 한 캔에는 설탕이 9개

100g당 설탕의 양
27÷2.5=10.8
10.8÷3=각설탕 3.6개

오렌지주스 한 캔에는 설탕이 12개

100g당 설탕의 양
36÷3.5=10.29
10.29÷3=각설탕 3.4개

맥콜 한 캔에는 설탕이 10개

100g당 설탕의 양
31÷2.5=12.4
12.4÷3=각설탕 4.1개

내가 쓴 수학일기

월   일   요일

제목

무엇을 배웠니? | 무엇을 더 공부할 거니?

수학 독서 대회 참여하기

◯ **오늘의 과제!**

우리나라에는 수학 선생님들이 모여 수학을 진지하게 고민하고 학생들에게 재미있는 행사들도 진행하는 수학 선생님만의 모임이 있어요. 바로 '전국수학교사모임'이지요. 이 단체에서 주관하는 수학 독서 대회에 참가해 보면 어떨까요?

매년 6월, 홈페이지를 통해 수학 독서 대회를 안내하니 여러분도 관심을 갖고 도전해 보세요.

◯ **독서 대회에는 어떤 수학이 있을까?**

도서관이나 서점에서 수학과 관련 있는 책을 찾아 읽으면 손쉽게 수학과 만날 수 있어요. 수학 독서를 통해 수학 지식의 폭을 넓히고 많은 수학자를 만날 수도 있지요. 또 수학이 우리에게 왜 필요한지 여러분이 가진 수학 호기심을 해결할 수도 있답니다.

여러분은 흔히 학교에서 배우는 수학이 '다'라고 여깁니다. 또 수학은 어렵고 그다지 쓸모없다고 말하기도 해요. 이는 수학에 가진 편견에서 오는 오해입니다. 수학은 우리 생각보다 훨씬 쓸모 있고 함께 즐길 수 있는 부분이 많아요.

○ 생각 나누기

수학 독서를 하면 우리 생활에서 수학이 아주 많이 쓰인다는 사실도 알 수 있어요. 또 수학자의 이야기에서 수학 발전을 위해 노력한 사람들이 어떤 업적을 남겼는지도 알 수 있지요.

수학자의 업적이나 생활에서 안 내용들을 친구들과 이야기해 보세요. 또 수학 독서로 새로 안 사실과 느낀 점을 수학일기나 독서 감상문으로 쓸 수 있지요. 여러분도 수학 독서 대회에 참가해 보면 어떨까요?

〈수학 영재들 지구를 지켜라〉를 읽고

201○년 ○○월 ○○일

악당들이 설치해 놓은 문의 암호를 해제하기 위해서는 마방진의 문제를 풀어야 한다.

마방진은 가로, 세로, 대각선의 합이 모두 같게 하는 것이다. 마방진의 신비를 보고 나서 나도 마방진을 풀고 싶다는 생각이 들었다. 마방진을 누가 만들었는지 또 어떤 원리들이 숨어 있는지 진짜 궁금해졌다.

책의 중간에도 여러 수학 이야기들이 나온다. 수학을 잘하는 방법을 물어볼 때도 나오는데 1부터 1000까지의 수에서 1, 3, 5, 7, 9와 같은 홀수만 더해서 나온 값을 구하라는 문제가 있다. 이때 숫자들을 일일이 더하는 것이 아니라 규칙을 찾으면 답을 쉽게 구할 수 있다. 이 문제의 규칙은 1+999=1000, 3+997=1000, 5+995=1000이 된다. 이때 1000÷2=500이므로 1000이 모두 500개 만들어진다. 따라서 1000×500=500000이다. 나는 수학 문제가 어려웠지만 잘 생각해 보니까 알 수 있었다. 그런데 답이 이렇게 큰 수일 줄은 몰랐다.

－－ 중간 생략 －－

나는 이 책을 읽고 나서 내가 모르는 문제도 알게 되었고 수학이랑 더 가까워진 느낌이 든다.

마치 수학 왕이 된 것 같다. 나의 꿈은 수학자다. 그래서 나는 이 책을 보고 수학에 대해 연구할 것이다.

내가 쓴 수학일기

월   일   요일

제목

무엇을 배웠니?

무엇을 더 공부할 거니?

생활에서 만나는 일상의 수학

○ 오늘의 과제!

가정에서 제일 큰 부피를 차지하는 가전제품은 아마 냉장고일 거예요.

큰 부피만큼이나 냉장고 안에는 각종 음식이나 식재료가 많이 들어가 있어요. 시원한 물도, 신선한 야채도 냉장고 안에 있지요.

냉장고는 따뜻한 실내에서 음식이 상하지 않게 오래 보관할 수 있도록 해줍니다. 하지만 언제 넣었는지도 모르는 오래된 음식이 들어 있다면 문제일 수 있지요. 냉장고를 제대로 사용하려면 신선한 재료를 보관 방법에 알맞게 넣어두어야 합니다. 여러분 집에 있는 냉장고는 어떤가요? 냉장고에 어떤 식품이 어떻게 들어 있는지 살펴보세요.

○ 냉장고에는 어떤 수학이 있을까?

1. 음식에 써 있는 유통 기한과 적정 보관 온도 따지기

음식은 **유통 기한** 과 적정 보관 온도가 있어요. 냉장고에 있는 식품을 살펴보고 유통 기한과 적정 온도를 확인해 보세요. 유통 기한이 조금 지난 음식은 별 상관없지만 냉동 보관해야 하는 식품을 온도에 맞지 않게 보관하면 문제가 생길 수 있어요. 주의할 점은 사용하다 남은 식품이라면 유통 기한 이내라도 되도록 빨리 소비해야 좋아요.

유통 기한

식품을 만든 회사에서 식품을 판매할 수 있는 기한을 정한 거예요. 따라서 유통 기한이 지난 제품은 사용할 때 아무런 문제가 없어요. 다만 냉장고나 상온에 오래 보관해야 한다면 되도록 유통 기한이 지나지 않은 제품을 사도록 해요.

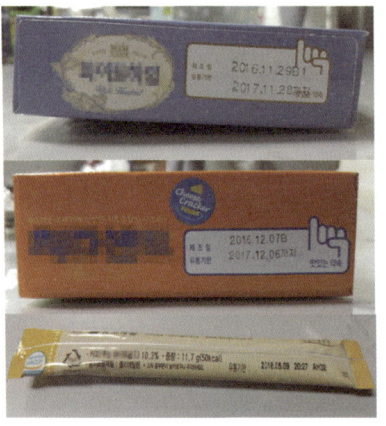

2. 우리 가족이 자주 먹는 식품 분류하기

냉장고에는 어떤 식품이 들어 있나요? 식품을 종류에 따라 분류해 보세요. 그러면 우리 가족이 평소 어떤 음식을 즐겨 먹는지도 알아볼 수 있답니다.

- 아빠는 고기를 좋아해서인지 일주일에 3번은 드시네?
- 다이어트 하는 언니는 월요일부터 금요일까지 하루에 1개씩 사과를 먹어!
- 키가 크고 싶은 나는 하루에 2잔씩 우유를 마셔!
- 엄마는 맛있는 반찬을 해 준다고 일주일에 1번은 치즈를 50g씩 요리에 넣어 주셔!

3. 사 놓은 식품 소비 기간 따지기

냉장고에 넣은 음식은 평균 소비 기간이 얼마일까요?

오늘 산 식품은 며칠 만에 소비될지 한번 알아볼까요? 냉장고 안, 식품 가운데 품목을 정해 평균 소비 기간을 조사해 봅시다.

소비 기간

먹거나 소비해도 되는 기한을 말해요.

식품별 소비 기간은?

식품 (개봉하지 않은 상태예요)	소비 기한은? (유통 기간이 지난 뒤예요)	어떻게 보관할까?
가공육(햄 등)	2주	냉장 보관
간장	2년 이상	냉장 보관
고추장	2년 이상	냉장 보관
김치	60개월 이상	냉장 보관
냉동 만두	1년 이상	냉동 보관
다진 마늘	30일	냉장 보관
달걀	25일	냉장 보관
도라지 즙	4개월	냉장 보관
된장	2년 이상	냉장 보관
두부	90일	냉장 보관
라면	8개월	
마늘 즙	4개월	냉장 보관
마요네즈	6개월	냉장 보관
미숫가루	2년	냉동 보관
식초	반영구	
생면	9일	냉장 보관
생크림 케이크	2일	냉장 보관
설탕	영구	
소고기	5주	냉동 보관
소금	영구	
슬라이드 치즈	70일	냉장 보관
시리얼	3개월	
식빵	20일	냉장 보관
식용유	5년	
아이스크림	6개월	냉동 보관
액상 커피	30일	냉장 보관
요거트	10일	냉장 보관

식품 (개봉하지 않은 상태예요)	소비 기한은? (유통 기간이 지난 뒤예요)	어떻게 보관할까?
우유	45일	냉장 보관
젓갈	1년	냉장 보관
참기름	2년 6개월	
참치 캔(살코기)	10년 이상	
콩나물	45일	냉장 보관
크림빵	2일	냉장 보관
토마토 케첩	6개월	냉장 보관
포도즙	1년	냉장 보관

현명한 소비자라면 유통 기한이 지났다고 함부로 버리지 말고, '소비 기한'을 꼼꼼히 따져야겠지요. 그렇다고 소비 기한만 믿고 식품을 많이 사는 것은 좋지 않아요.

식품은 일정 기간 필요한 양만큼만 준비해서 되도록 유통 기한 안에 소비하는 것이 좋아요. 소비 기한만 믿고 식품을 많이 사면 식품을 보관해야 하는 냉장고도 좁아지고 전기도 많이 소비할 뿐만 아니라 잘못하면 소비 기한마저 넘겨 버릴 수 있기 때문이에요.

내가 쓴 수학일기

　　　　월　　　　　일　　　　　요일

제목

무엇을 배웠니?　　　　　　　　　　무엇을 더 공부할 거니?

경제에서 살펴보는 수학

○ 오늘의 과제!

우리는 날마다 전기와 물을 사용하고 있어요. 또 버스를 타거나 택시를 이용하기도 하지요. 생활 요금에는 전기·수도·가스·교통수단 등이 있어요. 전기나 물을 많이 사용하면 요금도 더 많이 내겠지요. 각종 생활 요금은 어떻게 이루어져 있는지 살펴보고 절약할 방법도 알아보세요.

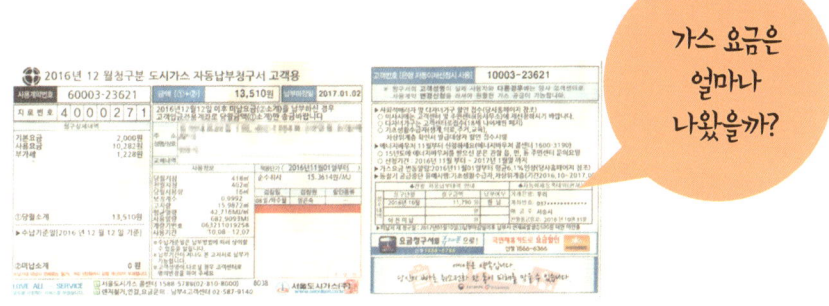

가스 요금은 얼마나 나왔을까?

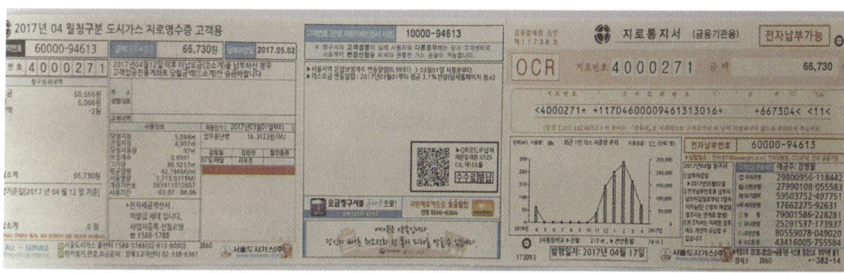

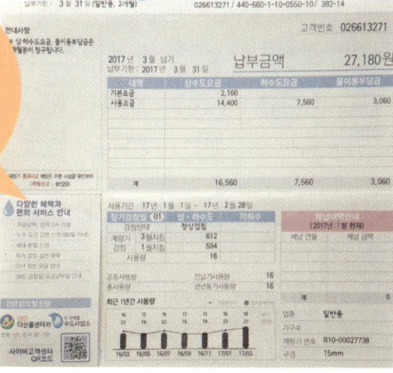

수도요금은 얼마나 왔을까?

마트에서는 무얼, 얼마나 샀지?

○ 경제에는 어떤 수학이 있을까?

여러분도 택시를 타 보았던 경험이 있지요? 처음에는 요금이 올라가지 않고 일정 금액을 가리켜요. 이것이 '기본요금'이지요. 기본요금은 거리에 상관없이 내는 요금이에요. 일정 거리 이상을 타면 거리에 따라 100원씩 요금이 올라갑니다.

가정에서는 전기나 수도 사용량에 따라 요금을 냅니다. 냉장고와 세탁기, 에어컨 같은 가전제품은 **에너지 소비 효율**에 따라 등급을 나누어 놓았어요. 1등급에 가까울수록 에너지를 덜 사용하는 제품입니다.

에너지 소비 효율 등급

소비자는 효율이 높은 에너지 절약형 제품을 쉽게 알아보고, 회사는 에너지 절약형 제품을 생산하도록 만든 제도입니다.

되도록 1등급 제품을 사용하면 같은 시간 동안 가전제품을 사용하였더라도 전기 에너지를 적게 사용하게 됩니다. 그럼 당연히 전기 요금도 덜 들겠지요.

무더운 여름, 에너지 소비 효율이 1등급인 에어컨을 사용하면 5등급 에어컨 사용보다 더 적은 비용으로 시원한 여름을 보낼 수 있겠지요.

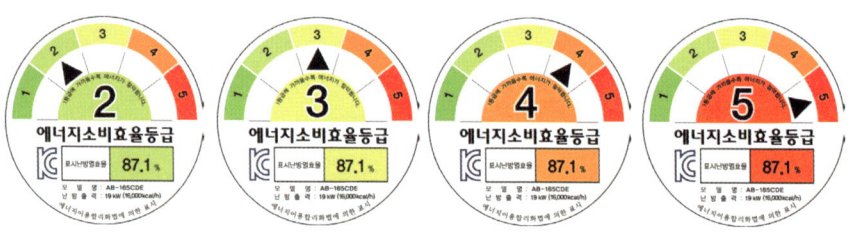

지금 냉장고, TV 등에 붙어 있는 에너지 소비 효율 등급 스티커를 확인해 보세요. 혹 가전제품을 새로 장만할 예정이라면 되도록 1등급 제품으로 구입하는 것이 좋겠지요. 이런 일상 속 경제에서는 여러 수학 생각을 할 수 있어요.

몇 가지 예를 살펴볼까요?

"서울에서 친척 집까지 택시 요금은 얼마나 나올까?"
"가장 전기를 많이 쓰는 가전제품은 무엇일까?"
"가장 전기를 많이 쓰는 가전제품은 얼마나 전기를 쓸까?"
"가장 전기를 많이 쓰는 가전제품과 가장 적게 쓰는 가전제품은 얼마나 차이가 있을까?"

내가 쓴 수학일기

월   일   요일

제목

무엇을 배웠니?

무엇을 더 공부할 거니?

수학 체험 Math 투어, 수학도 직접 만져 보고 즐기자!

○ 오늘의 과제!

수학은 앉아서 문제집만 보며 공부하는 과목이 아니에요. 여러분의 생각 이상으로 수학에서도 흥미로운 요소가 많답니다. 가장 대표적인 것이 '수학 체험 프로그램'입니다. 만져 보고 생각하는 수학 체험 프로그램에 참여해 보세요. 교과서 안에서만 생각하던 수학을 교과서 밖에서 직접 눈으로 보고, 만지며 체험하고, 온 가족이 함께 즐길 수도 있어요. 수학 체험 프로그램에 참가해 자신의 경험을 수학일기로 써 보면 더 재미있겠지요?

○ 체험전에는 어떤 수학이 있을까?

매년 전국적으로 다양한 수학 체험 행사가 열리고 있어요. 여기에서는 다양한 수학 활동을 즐길 수 있는 체험 부스와 한 가지 주제로 수학을 좀 더 깊이 생각해 볼 수 있는 체험 교실도 있어요. 또 야외에서 짧은 여행을 통해 거리를 이동하며 여러 수학 활동을 할 수 있는 **매스 투어** 도 있지요.

매스 투어

수학을 찾아 떠나는 여행을 뜻해요. 숲과 동물을 비롯한 자연과 사람들의 생활 모습과 여러 문화 그리고 다양한 건축물이나 예술 작품 속에는 수학이 자리 잡고 있어요. 매스 투어는 우리의 삶과 자연 속에서 수학을 찾아보는 여행이랍니다.

수학 체험 행사에 참여하면 평소 수학에 대해 알고 있던 생각이나 경험보다 훨씬 다양한 수학적 상상과 경험을 할 수 있습니다.

인터넷에서 간단히 "수학 체험"이라고 검색하면 전국 각지에서 어떤 수학 체험 행사가 열리는지 알아볼 수 있어요. 또 대부분 무료 행사여서 참가 부담도 적답니다. 다만 많은 학생이 참여하는 만큼 내가 직접 참여할 수 있는 활동이 몇 가지밖에 안 된다는 아쉬움이 있어요.

© 국립중앙과학관 포스터 제공

수학 체험 앨범

내가 쓴 수학일기

월   일   요일

제목

무엇을 배웠니?

무엇을 더 공부할 거니?

스포츠에서도 수학을 경험하자!

◯ 오늘의 과제!

동계 올림픽은 눈과 얼음 속에서 열리는 겨울 스포츠 대회입니다. 눈 덮인 산을 내려오는 스키와 롤러코스터 같은 얼음 트랙을 따라 쏜살같이 내려오는 봅슬레이는 겨울 대표 스포츠입니다.

선수들은 수학을 통해 기록 단축에 도전하고 있지요. 겨울 스포츠를 관람하거나 직접 체험해 보며 수학을 만나 봅시다.

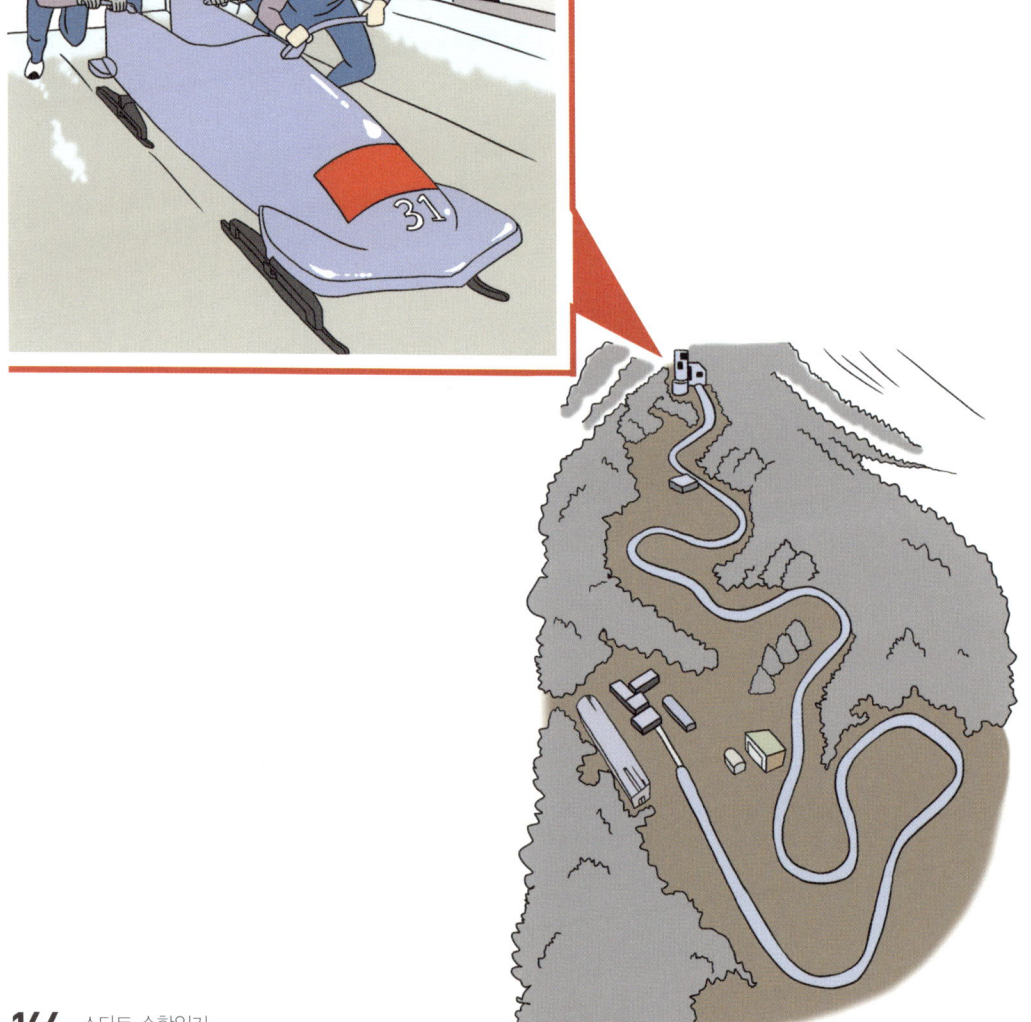

○ 스포츠에는 어떤 수학이 있을까?

겨울 스포츠에서 우리나라 선수들이 올림픽 메달을 딴 종목들에는 무엇이 있는지 알아보세요. 또 선수들은 그 종목들을 잘하기 위해 어떻게 노력했는지 살펴봅시다. 겨울 스포츠뿐만 아니라 여름 스포츠에서도 살펴보면 내용은 더 다양할 거예요!

스포츠와 관련해서는 다음과 같은 수학적 질문을 생각해 볼 수 있겠지요?

- 우리나라는 어떤 종목에서 메달리스트가 많을까?
- 우리나라의 연도별 메달 종합 순위는 어떨까?
- 우리나라 금메달 개수를 연도별로 정리하면?
- 우리나라는 동계 올림픽에서 성적이 좋을까? 하계 올림픽에서 성적이 좋을까?
- 올림픽에서 종합 1위를 많이 한 나라는 어디일까?

아주 빠른 속도로 달리는 스키·봅슬레이·루지·스켈레톤·스케이트 같은 겨울 스포츠는 순간의 실수로 넘어지거나 크게 다치기도 합니다. 특히 봅슬레이·루지·스켈레톤은 모두 시속 120km 이상의 아주 빠른 속도를 내서 경기 트랙을 만들 때 주의해야 하지요. 이처럼 운동선수들은 넘어지거나 다치는 일이 없도록 늘 주의하며 운동 연습을 하고 경기에 참여합니다.

썰매는 동계 올림픽 종목에서 가장 빠른 운동 경기입니다. 썰매 외에 봅슬레이·루지·스켈레톤은 어떤 스포츠일까요?

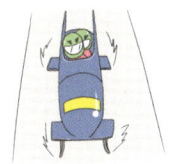

봅슬레이 Bobsleigh
2명 또는 4명이 브레이크와 핸들이 달린 썰매를 이용합니다.

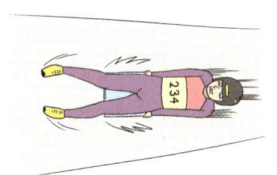

루지 Luge
발을 앞으로 뻗은 채 1인용 썰매를 누워서 타는 스포츠예요.

스켈레톤 Skeleton
루지와 반대로 머리를 앞으로 한 채 엎드려 탑니다.

내가 쓴 수학일기

월   일   요일

제목

무엇을 배웠니?

무엇을 더 공부할 거니?

직선과 곡선에서 만난 놀라운 수학

○ 오늘의 과제!

다음 그림을 보면 컴퍼스로 곡선으로 그린 모양 같지만, 사실은 곧은 선만을 이용하여 만든 모양이에요. 자만 써서 어떻게 이런 모양을 그릴 수 있을까요? 바로 직선을 여러 개 모아서 곡선을 만드는 '라인 아트·라인 디자인' 덕분이랍니다. 규칙을 정해 라인 아트를 직접 그려 보고 어떤 특징을 찾을 수 있는지 수학일기로 써 볼까요?

▍다양한 라인 아트 ▍

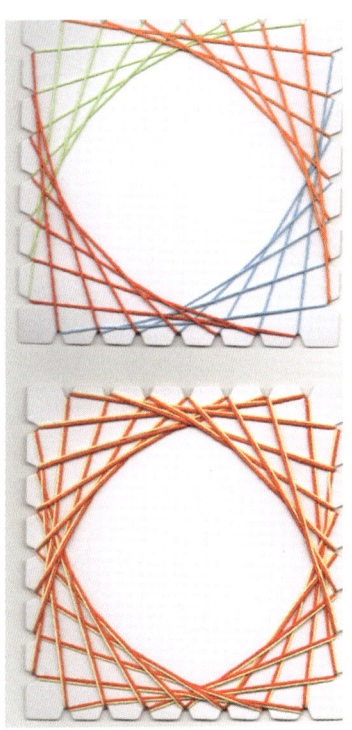

○ '선'에는 어떤 수학이 있을까?

자를 이용하여 어떻게 만드는지 그 원리부터 알아야겠지요?
어렵지 않으니 설명을 따라 해 보세요.

1. 두 선분을 긋는다.

2. 각 변을 같은 수의 점으로 등분하고 숫자를 붙인다.

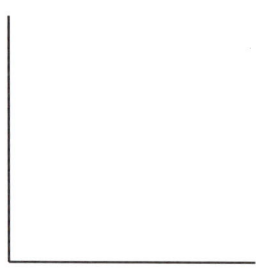
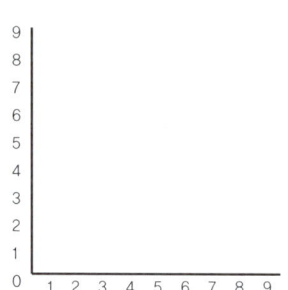

3. 가로 수가 1씩 커질 때 세로의 수가 1씩 작아지도록 선분을 긋는다.

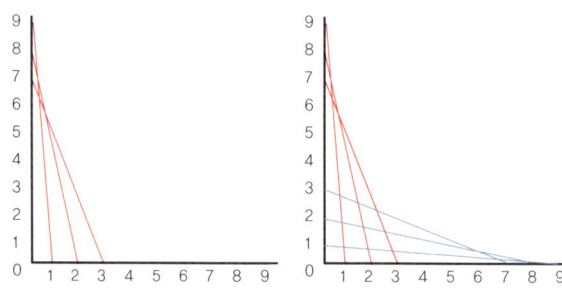

직선으로 그렸는데 마치 곡선 모양처럼 보이죠? 이렇게 규칙을 정해 곧은 선을 그으면 다양한 선을 만들 수 있습니다. 라인 아트가 가진 매력이지요.

○ 생각 나누기

라인 아트의 원리를 생각하며 어떤 도형에 선을 만들지 생각해 봅시다.

사각형? 세모? 원? 어떻게 그리느냐에 따라 여러 가지 모양이 나올 수 있어요. 나만의 규칙보기 : 가로 수가 1씩 커질 때 세로 수가 1씩 작아지도록, 가로 수와 세로 수의 합이 10이 되도록을 정해 선분을 그어 보아요.

이때 만들어진 모양의 특징을 한 번 살펴봅시다. 직선의 수에 따라 직선끼리 만나서 생기는 점의 개수는 몇 개인지, 가로 점과 세로 점의 간격이 작을수록 모양은 어떻게 되는지 찾아볼 수 있어요.

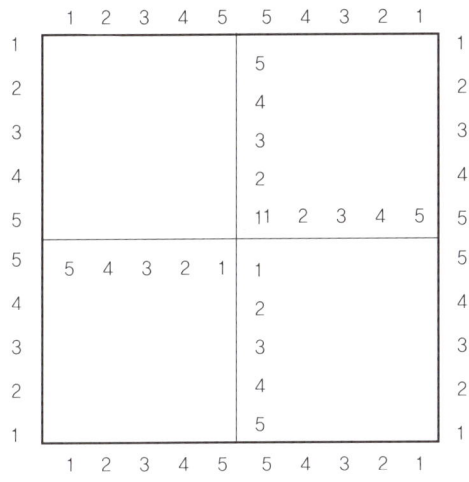 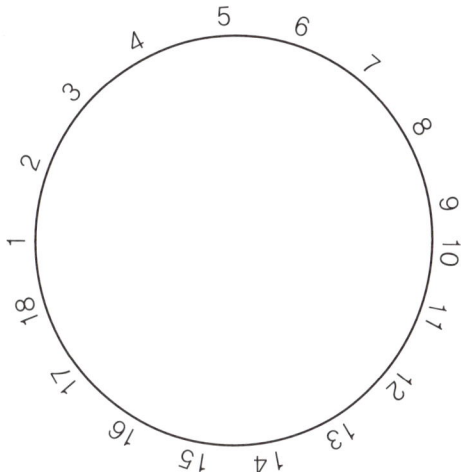

내가 쓴 수학일기

월   일   요일

제목

무엇을 배웠니?   무엇을 더 공부할 거니?

나의 줄넘기 실력은?

○ 오늘의 과제!

다음 달에 학교에서 줄넘기 대회를 한다고 해요. 여러분은 줄넘기 대회에서 좋은 기록을 내려고 날마다 30분씩 줄넘기 운동을 하기로 마음먹지요. 매일 운동한 줄넘기 횟수를 기록해 보고 얼마큼 발전하였는지 보기 쉽게 표현할 방법을 생각해 보며 수학일기로 써 보세요.

○ 운동에는 어떤 수학이 있을까?

규칙적으로 운동하면 몸과 마음이 튼튼해지는 기분이 들죠? 요즘 휴대 전화에는 건강을 관리하는 프로그램이 있어 평소에 얼마큼 운동했는지 알려 줍니다. 또 자신이 어떤 운동을 몇 분 동안 얼마큼 하는지 직접 기록할 수도 있어요. 휴대 전화에 있는 여러 건강 관리 앱을 살펴보세요.

| 다양한 건강 관련 앱 |

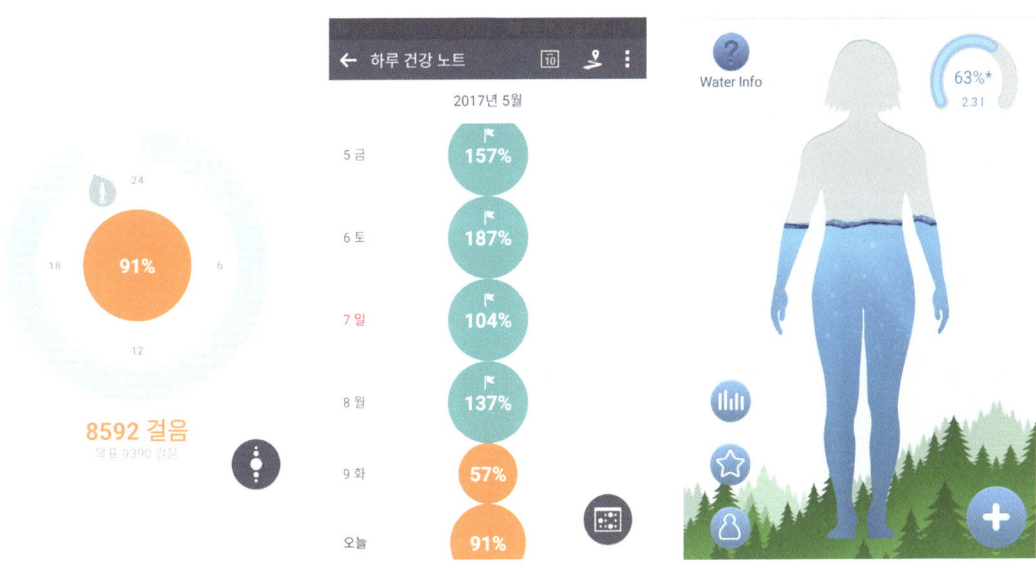

3장_ 수학일기, 한번 써 볼까요?

'줄넘기 운동'에 숨은 수학을 찾아라!

〈표〉 줄넘기 기록표

날짜	○월 ○일 (월)	○월 ○일 (화)	○월 ○일 (수)	○월 ○일 (목)	○월 ○일 (금)	○월 ○일 (토)	○월 ○일 (일)
앞으로 넘기	회	회	회	회	회	회	회
엇갈려 넘기	회	회	회	회	회	회	회

1. 날마다 줄넘기 횟수는 얼마씩 늘어나는지 살펴볼까?
2. 줄넘기는 몇 분씩 했는지 시간도 기록해 볼까?
3. 줄넘기 횟수를 각각 그래프로 나타내 볼까?

○ 생각 나누기

기록한 자료를 좀 더 한눈에 보기 쉽게 나타낼 방법이 있을까요? 그래프로 나타내면 어떤 그래프로 나타내면 좋을까요? 어떻게 나타낼지 잘 모르겠다면 인터넷으로 찾아보세요. 설문 조사, 기온 변화 등을 다양한 방법으로 나타냈어요. 운동 기록을 나타내기에 좋은 방법을 찾아 살펴보고 자신의 기록을 분석해 보아요.

내가 쓴 수학일기

월   일   요일

제목

| 무엇을 배웠니? | 무엇을 더 공부할 거니? |

똑똑한 소비에도 똑똑한 수학이!

○ 오늘의 과제!

마트에서 물건을 고르다 보면 같은 제품인데 회사마다 가격이 조금씩 달라 서로 비교해 보지요? 어떤 제품이 더 싼지 쉽게 비교할 방법을 찾아 똑똑하게 소비하는 방법을 부모님께 편지로 알려 드려 볼까요?

○ '소비'에는 어떤 수학이 있을까?

같은 제품이라면 좀 더 싼 가격에 사야 똑똑하게 물건을 샀다고 할 수 있겠지요? 부모님과 함께 마트에 가서 물건을 구입해 봅시다. 가격표를 비교해 보면서 어떤 제품을 사야 좋을지 고민해 봐요.

'소비'에 숨은 수학을 찾아라!

1. 마트에 가기 전 필요한 물건을 종이에 적어 볼까?

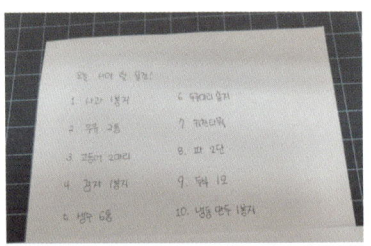

2. 마트에 가서 필요한 물건의 가격표를 살펴볼까?

어떻게 비교하면 좋을지 생각하며 물건을 선택해 볼까?

생각 나누기

  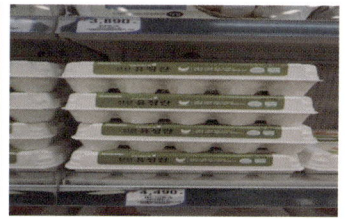

　A와 B 제품 중 가격만 보면 A가 더 싸지만 좀 더 비교해 보면 B 제품이 싼 경우가 있죠? 따라서 가격만 보는 게 아니라 제품 조건용량, 개수 등에서 가격을 비교해 보아야 합니다. 요즘에는 가격을 좀 더 쉽게 비교할 수 있도록 가격표에 100g당, 1개당 가격을 작은 글씨로 표시하기도 해요. 제품의 묶음 개수, 용량이 다를 경우 가격을 비교할 방법을 생각해 봐요. 가격을 계산할 때는 정확하지 않더라도 어림하여 계산할 수도 있고, 계산기를 이용할 수도 있어요.

내가 쓴 수학일기

월   일   요일

제목

무엇을 배웠니?

무엇을 더 공부할 거니?

만화로 나타내는 수학

○ 오늘의 과제!

수학자들은 어떻게 수학 개념을 발견했을까요? 수학자들 일화를 보면 일상 경험에서 수학 개념을 발견하고, 지금의 유명한 수학자가 된 경우가 많아요.

이런 재미난 수학자 책을 읽고 만화로 나타내 보세요.

○ '만화'에는 어떤 수학이 있을까?

여러분이 알고 있는 수학자는 누가 있나요? 수학자들 이야기가 나와 있는 책을 읽어 보거나 인터넷에서 검색하면 여러 수학자와 그 일화를 재미있게 소개합니다. 수학자의 일화를 보면 그저 앉아서 고민하며 발견하기보다는 생활에서, 호기심에 수학을 발견한 경우가 많습니다. 수학자와 관련한 책을 읽어 보고 기억에 남는 수학자를 좀 더 조사해 보세요.

만화에 숨은 수학을 찾아라!

1. 어린이 도서관 또는 서점에서 수학 관련 책을 찾아볼까?

2. 수학자 도서, 수학자 이름을 인터넷에서 찾아볼까?

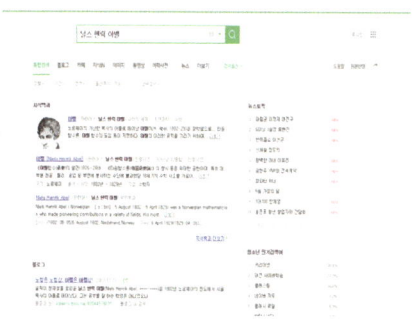 

○ **생각 나누기**

　수학자 관련 책을 읽었다면 기억에 남는 수학자를 좀 더 조사해 보세요. 인터넷으로 찾아볼 수도 있고 다른 책을 좀 더 찾아볼 수도 있습니다. 책을 같이 읽은 친구와 이야기를 나누어 보거나 친구 또는 가족에게 여러분이 안 점을 이야기해 보세요. 수학자의 시대 상황과 수학자의 모습을 상상하며 내가 수학자를 직접 만난다고 생각하면서 이야기를 만들어 봅시다.

| 만화 구상 중인 어린이 |

1. 주인공은 누구로 할까? 나? 수학자?
2. 수학자 캐릭터를 어떻게 나타낼까?
3. 이야기의 배경은 어떻게 나타낼까?
4. 좀 더 쉽게 설명하려면 어떻게 나타낼까?
5. 장면은 몇 개로 나타내야 할까?

내가 쓴 수학일기

월   일   요일

제목

무엇을 배웠니? | 무엇을 더 공부할 거니?

우리 발에서 찾은 놀라운 수학

○ 오늘의 과제!
키가 클수록 발 크기도 점점 커져서 예전 신발이 안 맞는 경우가 있어요. 가족과 함께 발바닥 크기를 비교해 보세요. 내 발보다 얼마나 더 큰지, 작은지 나타내려면 어떤 방법을 사용해야 할까요? 가족의 발을 비교할 방법을 일기로 써 볼까요?

○ 우리 '발'에는 어떤 수학이 있을까?
가족과 함께 발바닥 크기를 비교해 보아요. 얼마큼 크고 작은지 비교하기 위하여 모눈종이를 이용하여 발바닥을 그리고 모눈종이의 칸 수를 세어 봅시다. 모눈종이가 없으면 일정한 네모 칸을 그려서 할 수도 있어요.

'발'에 숨은 수학을 찾아라!

1. 가족 발바닥을 모눈종이에 대고 그려 볼까?

2. 발바닥이 네모 칸에 몇 칸 들어가는지 세어 볼까?

3. 가족의 발바닥 크기를 비교해 볼까?

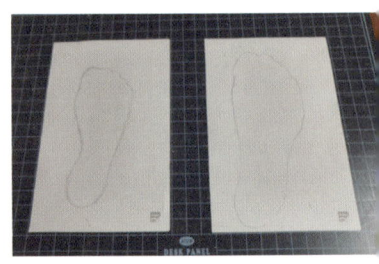

◯ 생각 나누기

가족과 함께 네모 칸을 세어 봅니다. 네모 칸에 모두 들어가지 않는 부분은 어떻게 세어야 할지 생각해 봐요.

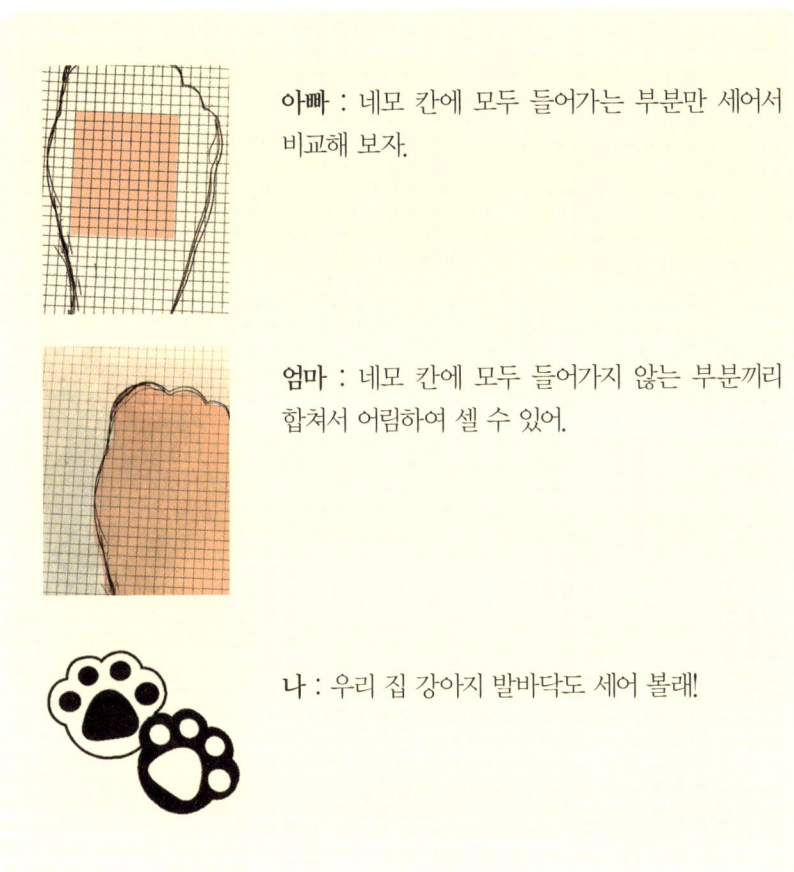

아빠 : 네모 칸에 모두 들어가는 부분만 세어서 비교해 보자.

엄마 : 네모 칸에 모두 들어가지 않는 부분끼리 합쳐서 어림하여 셀 수 있어.

나 : 우리 집 강아지 발바닥도 세어 볼래!

가족 발을 보면서 크기뿐 아니라 길이, 발가락 모양도 보았나요?
닮은 부분도 있고 다른 부분도 있지요? 발견한 모두를 수학일기에 쓸 수 있어요.

내가 쓴 수학일기

월   일   요일

제목

무엇을 배웠니?   무엇을 더 공부할 거니?

| 우리끼리 수학 놀이터 하나 |

보도블록에 감춰진 수학을 찾아라!

여러분이 다니는 길에도 재미있는 수학이 있다는 사실, 알고 있나요?

학교에 가거나, 집으로 돌아올 때, 또 친구를 만나러 갈 때 등, 길거리에 있는 보도블록을 살펴보세요. 신기한 모양이 보일 거예요.

지금부터 보도블록에 있는 신기한 모양을 통해 흥미로운 수학 이야기를 소개할게요.

먼저 길거리의 보도블록은 바닥에 빈틈없이 가득 채울 수 있는 모양으로 만들어요. 보도블록은 어떤 모양을 갖고 있는지 살펴볼까요?

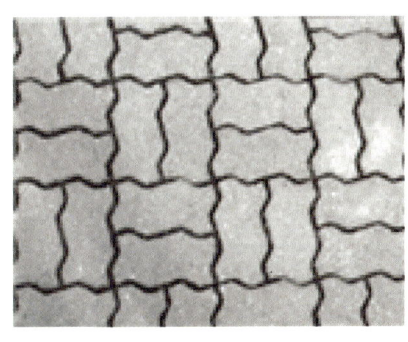 

여러 가지 모양의 보도블록

보도블록은 이처럼 다양한 모양을 갖고 있지만, 한 가지 특징이 있어요. 일정한 모양을 가지고 빈틈없이 꽉 채워져 있다는 점이 바로 그것이에요. 이렇게 같은 모양으로 평면을 가득 채우는 것을 '테셀레이션Tessellation'이라고 해요.

같은 도형으로 평면을 빈틈없이 덮으려면 다각형의 한 꼭짓점에서 만나는 각들의 합이 360°여야 해요. 따라서 정삼각형, 정사각형, 정육각형만이 평면을 가득 채울 수 있어요. 정오각형이나 원은 도형 사이에 빈틈이 생겨요.

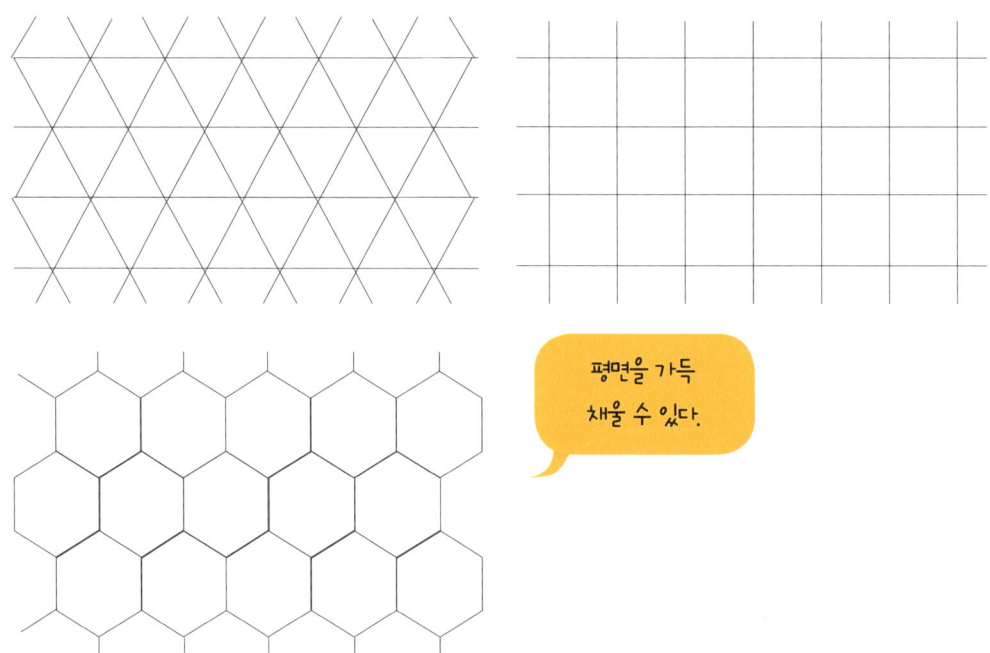

평면을 가득 채울 수 있다.

그런데, 정삼각형, 정사각형, 정육각형이 아니어도 평면을 가득 채울 수 있어요. 기본 도형에 변화를 주어 밀기, 뒤집기, 돌리기의 방법으로 평면을 채울 수 있지요.

다음은 육각형에 변화를 주어 평면을 채운 것이랍니다.

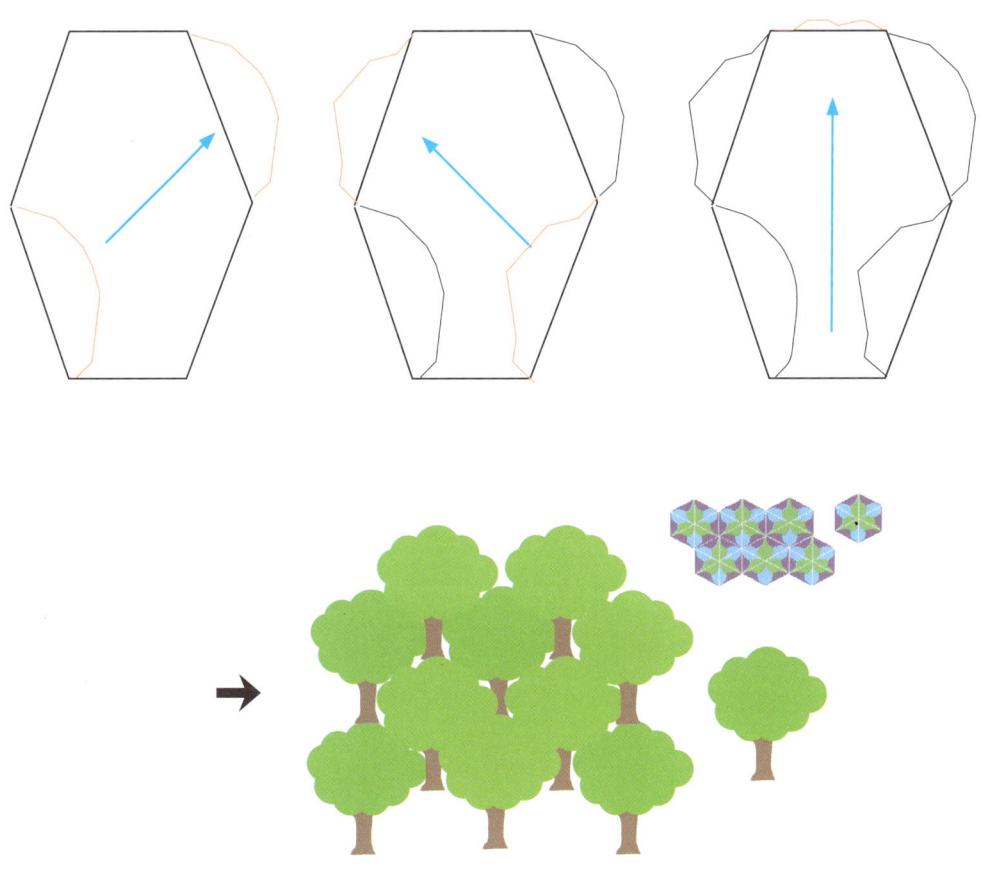

우리끼리 수학 놀이터 둘

동서남북 종이접기

여러분이 쉽게 할 수 있는 놀이 가운데 동서남북 종이접기를 알차게 즐기는 방법을 소개합니다. 동서남북 놀이는 재미있는 벌칙이나 상대방의 운세를 점쳐 볼 수 있는 놀이랍니다.

자, 그럼 색종이를 준비하고 시작해 볼까요?

｜동서남북, 어떻게 접지?｜

1. 가로, 세로 방향으로 골짜기 접기를 한 후 펼친다.

2. 색종이를 대각선 방향으로 접어 꼭짓점끼리 맞닿게 한 다음 펼친다.

3. 색종이의 네 꼭짓점이 정사각형의 중심에 닿도록 접는다.

4. 종이를 뒤집고 한 번 더 반복하여 종이의 네 꼭짓점이 정사각형의 중심에 오도록 접는다.

5. 색종이를 골짜기 접기로 하여 반으로 접은 후 날개를 펼친다.

6. 펼친 날개 사이로 엄지와 검지를 집어넣어 입체도형이 되도록 한다.

7. 다시 종이를 평평하게 펼친 후 각 날개에 '동서남북'을 적는다.

8. 반대쪽에는 삼각형 8개에 쓰고 싶은 말을 적는다.(벌칙, 받고 싶은 선물, 하고 싶은 말 등)

오늘 점심은 무얼 먹을까요?
주문을 외자.
서쪽으로 5번

9. 다시 날개에 손가락을 넣고 입체도형을 만들면 준비 끝.

| 동서남북 놀이를 해 보아요. |

놀이 준비는 모두 끝났나요? 친구에게 동서남북 방향과 몇 번 반복할지 선택하게 합니다. 이를테면 "서쪽으로 5번."과 같이 말할 수 있어요. 그럼 그 수만큼 손에 끼운 동서남북 색종이를 열고 닫기를 반복하고, 말한 방향에 적힌 말을 읽어 줍니다.

이제 방법을 알았으니 친구와 함께 즐겁게 놀이를 해요.

마구마구
쓰고 싶은
수학일기 이야기

지금껏 수학이 재미있어지도록 여러 가지를 살펴봤어요.
수학일기는 일기와 어떻게 다른지, 수학일기는 무엇인지,
수학일기 종류에는 무엇이 있는지, 쓸 때 어떤 요소가 들어가야 하는지,
수학일기를 쓰기 위한 세 가지 단계 수학일기 세 바퀴란 무엇인지,
여러분이 자유롭게 수학일기를 쓸 수 있도록 수학적 경험은 어떻게 하는지.
어렵게만 느껴졌던 수학이 점점 재미있어지면서 마구마구 수학일기를 쓰고 싶어질 거예요!
이번 장에서는 다양한 수학일기 주제와 흥미진진한 수학적 체험을
어디서 할 수 있는지를 알아보는 지도를 준비했답니다.

1. 수학일기 쓰려면 이런 주제는 기본!

- 우리 집 시계(디지털시계와 아날로그시계) 탐구와 개수
- 하루 또는 한 달 동안 먹는 쌀 양
- 시간대별 냉장고 문 여는 횟수
- 일주일간 TV 보는 시간 매일 조사하기
- 우리 가족 대화 시간 일주일 동안 조사하기
- 집에서 수학 공부하는 시간 조사하기
- 내가 갖고 있는 책 분류하기(위인전, 동화책, 수학책 등)

집에서 수학 찾기

학교에서 수학 찾기

- 우리 학교 학생 수 어림하기(우리 반 학생은 25명이고, 학급 수가 12명이라면?)
- 교실에는 책상이 몇 개나 들어갈까?
- 우리 학교 학생이 모두 운동장에 선다면 내가 차지할 수 있는 넓이?
- 1년 동안 학교에서 공부한 시간 어림하기
- 나의 수학 실력 그래프로 나타내기
- 하루 동안 발표한 친구 및 발표 횟수 조사하기

- 마트 계산서 집중 탐구
- 병원 영수증 항목 살펴보기
- 버스 요금 환승 할인
- 거리에 따른 교통수단(기차, 택시) 요금
- 교차로 교통 신호 대기 시간
- 보도블록 모양 탐구하기
- 맨홀 뚜껑은 왜 둥글까?
- 교통 표지판 분류하기

- 하루는 왜 24시간일까?
- 일주일이 10일이라면?
- 당연한 것들 따져보기
  (물은 왜 100도에서 끓지?
  왜 9시까지 학교에 가야 하지?)

2. 지도로 보는 수학 체험장

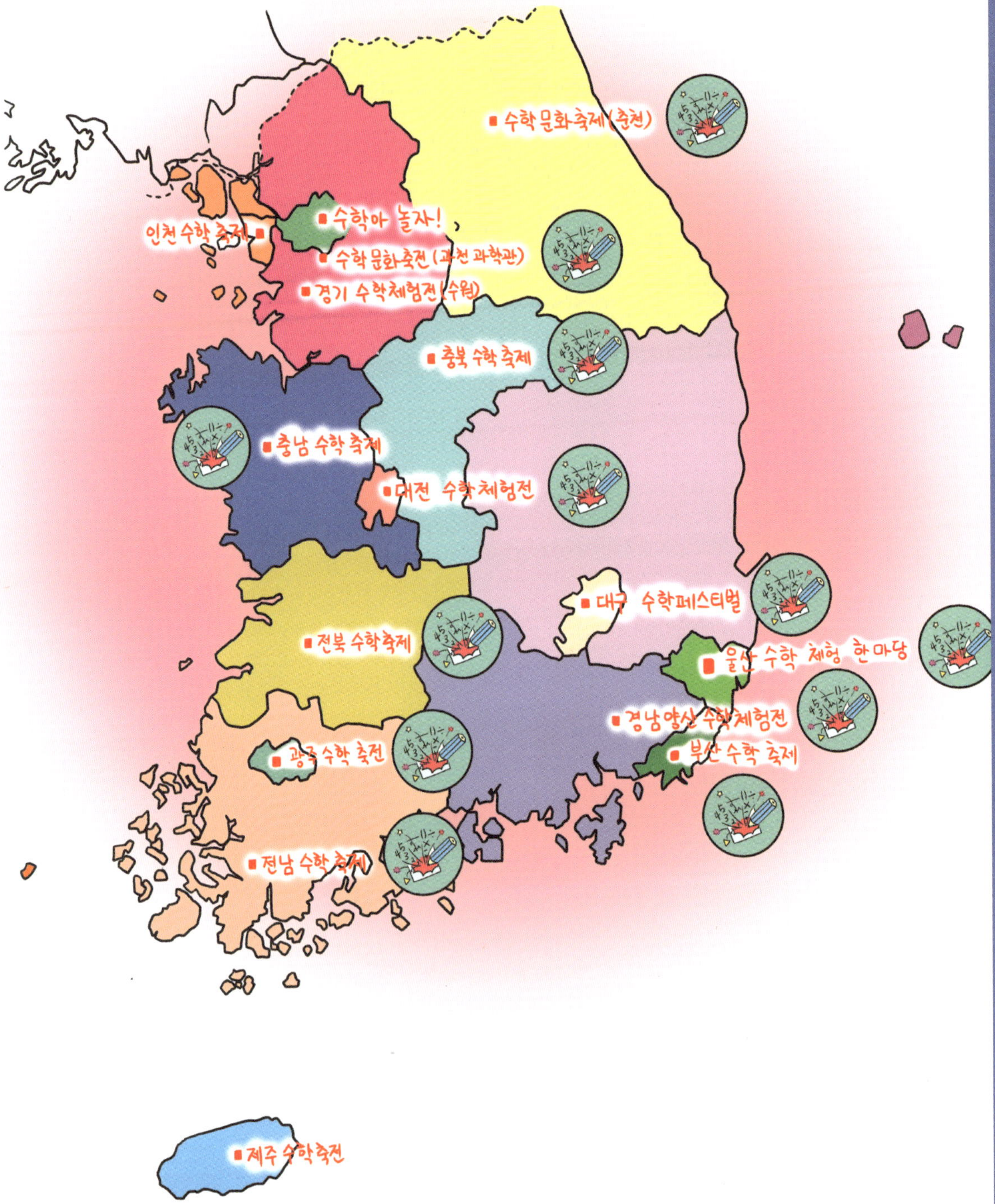

- 수학 문화 축제 (춘천)
- 인천 수학 축제
- 수학아 놀자!
- 수학 문화축전 (과천 과학관)
- 경기 수학체험전 (수원)
- 충북 수학 축제
- 충남 수학 축제
- 대전 수학 체험전
- 대구 수학페스티벌
- 전북 수학 축제
- 울산 수학 체험 한마당
- 경남양산 수학체험전
- 부산 수학 축제
- 광주 수학 축전
- 전남 수학 축제
- 제주 수학축전